ダスル 著

岡崎暢子 訳

人生は気分が10割

最高の一日が一生続く106の習慣

ダイヤモンド社

기분을 관리하면 인생이 관리된다
MANAGE YOUR EMOTION, MANAGE YOUR LIFE
By KIM DA SEUL

Original Korean edition published by FEELM GROUP
Japanese translation rights arranged with FEELM GROUP through BC Agency.

プロローグ
結局「気分」が僕らを動かしている

気分がコントロールできれば人生もコントロールできる。

今日一日をどんな日にするのかは、その日の気分で決まる。
ゴキゲンに過ごせたなら当然幸せな一日だし、
心穏やかに過ごせた日も幸せな一日だ。

人って、気分を上げてくれる何かを見つけたら
本能的にそればかりを繰り返してしまう生き物。
気に入った曲はひたすらループ再生するし、

面白いゲームがあれば中毒になるほどやり倒す。
一緒にいてウキウキできる人に出会えたら、
ずっとその人のことを見ていたくなる。

なんだか、理性よりも体の細胞が反応している感覚。
気分は、人を動かすプリミティブなパワーだ。

そのせいなのか、僕らは「気分転換」という大義名分があれば
結構な時間とお金をつぎ込めたりする。
遠くのビーチで過ごすバカンスのためなら
時間やお金だって笑顔でひねり出せるし、
おしゃれなカフェでの優雅なひとときのためなら、
超割高なケーキセットだって嬉々（きき）としていただく。

気分を上げてくれるなら、
時間や費用なんて問題じゃないんだよね。

クレバーな人たちは
こうした気分管理術がいかに重要かを知っていて
もっと効率のいいやり方がないか、いつでも探している。

この地球上でも指折りの富豪、イーロン・マスク。
彼が専任のメンタルトレーナーと高額で契約しているのも納得だ。

結局、人生っていうのは
毎日の積み重ねで成り立っていく。
だから何よりも大切なのが「気分」なんだ。

キム・ダスル

訳者解説

本書は韓国でベストセラーとなっているエッセイの翻訳版です。作家、作詞家、コピーライターとしても活動している著者が、**「毎日」をよりよく変えるためのヒント**をつづっていることから自己啓発書としても読まれています。

この本のメッセージをひと言で言えば、**『「気分」を管理すれば人生はもっとうまくいく」**。

考えてみれば、私たちが何気なく過ごしている一日一日は、「気分」によって大きく左右される、と言っても過言ではありません。つらいことも、めんどうな人間関係も、やる気が出ない仕事も……どんなことも、気分がよければ過度に悩むこともなく、とらえ方も変わってくるはずです。

気分がよければ、「最高の一日」がずっと続く。見える景色がガラリと変われば、人生も変わるというわけです。

どうすれば「気分」を管理できるのか。

そのヒントとなる習慣や考え方を、著者がソリッドな視点から紹介してくれます。

著者からのメッセージは106本。とはいえ、必ずしも最初から最後まですべてを通して読む必要はありません。

本書の一つひとつのメッセージは、著者がInstagramで投稿した言葉をベースにしており、それぞれが完全に独立した内容となっています。合間に差し込まれる詩やショートストーリー、風景写真からも生き方を考えさせられます。ページをめくって気になった箇所を気ままに読んでみる。そんな読み方もできる一冊です。

本書が、あなたの「気分」を変え、「人生」を変える一助になれば幸いです。

訳者　岡崎暢子

目次

第2部 上機嫌な人ばかりが周りに集まる習慣

第3部 落ち込んだ心を立て直すメンテナンス習慣

第4部　人生がすべてうまくいく、「気分」のコントロール習慣

第1部

「気分」の下地をつくる習慣

1 うまくいかないときほど「がまん」する

がまんしていれば、いつかは訪れる――わだかまりが解ける瞬間が。耐えていればいつかは生まれる――心から信頼しあえる関係が。幸せって、じっと耐えていれば不思議なほどまた訪れるもの。

急激な景気の悪化や健康上の問題なんかで思い通りにいかないことってある。不幸がコンボで襲い掛かってくることもあれば、信じていた人に裏切られて人間不信になったりとか。

だけどいつだって、幸運の女神がほほ笑むのはがまん強い人。幸せって、散々な目に遭(あ)っても決してあきらめず、地に落ちても品格を失わない、ひたすら自分の信念を貫いた人こそが手に入れられるものだから。

仕事だって同じ。現状がうまくいっていなくてもがまんする。**がまんとは、腐らずに打開策を探し、トライし続けることだ。**そのうち小さくても解決の糸口が見つかるから。そうなれば面白いようにコトが好転し始める。

こうした経験を重ねてコツをつかめば、どんなトラブルだって怖くなくなる。ひたすら辛酸をなめてきた時間はそうやって恩返しをしてくれる。がまんして耐えぬいた時間の先には、必ず明るく幸せな未来が待っている。

深夜――。夜が明ける前の一番暗い時間帯。闇がすべてを永遠に飲み込もうとしていても、必ずまぶしい朝日に出会えるように。浮かび上がる希望は、もう誰にも止められない。

2
アクシデントは「成長の糧」と考える

アクシデントやトラブルが起きたときはこんな流れをたどる。

1．にっちもさっちもいかない試練が続く

お金、対人、健康、家庭内の問題など……。ヘビーな問題が次々に起きるのが第一フェーズだ。ひとつだけでも死にそうなのに、なぜかいくつもの試練が積み重なる。

2．自分の人生を疑い始める

まだ何ひとつ成し遂げていないし財産と呼べるものもない。これまでの生き方にも自信が持てなくなる。自分に対する疑念と挫折感、後悔がこれでもかってほど押し寄せて、息もできないほど深く落ち込む。

しかしそんなときに限って人間関係が意外なほど片付く。崖っぷちの人間のそばにいて、最後まで手を差し伸べてくれる人なんて数えるほどしかいないから。その人たち以外とは縁が切れても構わない。近い遠いにかかわらず、どうでもいい関係だったんだ。

3. 人間関係が整理される

4. 「無理だ」と「粘ってみよう」が行き来する

「もう無理、全部投げ出したい」という気持ちと、「いや、もうちょっと粘ってみよう」という気持ちが日に何度も行き来する。まるで頭の中にふたりの自分がいるみたいに。そして「やっぱりこのままじゃマズイ」と立ち上がる。結局、新たなチャレンジのほうを選ぶ。

だから、いくつもの問題に悩まされたとしても悲しむ必要はない。そのおかげで見せかけだけの薄っぺらい人間関係がふるいに掛けられ、本当に大切な人たちだけが残る。自分の生き方と身の周りを振り返る機会も持てる。この先、地に足をつけて生きていく決心ができるのだ。

ほらね。アクシデント発生前より、人として一皮むけたうえ、新しい道も歩めているだろう？

3 ストレスフリーで学び上手になる

1．30分早く行動する

学び上手な人は、「ゆとりある行動」でストレスが抑えられることを知っている。遅刻寸前のときの焦りや、時間に追われているときのいらだち、約束の時間を守れなかったときの罪悪感……。こうしたストレスは早めに行動すれば十分に回避できる。

朝30分早く起きる、出勤・登校時間を30分早くする、待ち合わせの30分前に到着するつもりで出掛ける。たった30分でも、追われている人とゆとりのある人では気分に差が生まれる。

2．とにかく本や文章を読んでみる

本や新聞、論文などのまとまった文章を読むことは、思考を深め視座を高める。覚えたら片っ端から忘れていくのが人間ってもの。学び上手な人はそのことを知っているから日常的に文章を読んでいる。読書はストレスの軽減にも役に立つ。一日たった6分の読書でストレス指数が68％も軽減されたという、イギリスのある大学の研究結果もある。

3. 自分を支えてくれるメンターを見つける

人生に悩みや不安は付きもの。壁にぶち当たるたびにひとりで乗り越えるのはつらすぎるから、道を照らしてくれる灯台みたいな存在が必要だ。その存在こそがメンター。先が見えないとき、メンターにガイドしてもらうことで方向性が見え、進むべき道がひらけ、思考が改まる。人生がさらりと流れ出す。

学び上手な人は、ストレスも自分ひとりの限られた精神力だけで克服しようなんて考えない。どんなときでもクレバーな方法を見つけ出しては実践している。周りの環境や状況を、まるで便利なツールみたいに上手く利用しているのだ。

4 あえて「バカ正直」に生きる

こんな時代だからか「ずるがしこく生きてナンボだ」なんて風潮がある。カモにされてバカを見るんじゃなく、少しぐらい強引に生きろ、むしろちょっとぐらい悪者になれなきゃまともに生きていけないぞと言う。

だけど、そんな生き方をして平常心でいられる？

人の道に外れようが何をしようが、自分ファーストのやりたい放題。そのような生き方ができれば今よりずっと楽に生きられるかもしれない。そんな性格の連中がうらやましくて真似した時期が僕にもあったけれど、楽に生きられるどころか、むしろいつも心は重くザワついていた。

周りに迷惑を掛けてまで好き勝手に生きるくらいなら、いっそバカ正直でいたい。少しくらい損をしたって軽やかな気分で生きるほうが絶対いい。心が不自由な人生なんて不幸そのものだから。他人にイヤな思いをさせないことこそ、正しい生き方だって信じている。

バカ正直に生きている人の純粋さは、悪いやつらに利用されるためのものじゃない。世の中には、そういった態度や心の純粋さをあたたかく歓迎してくれる、ありがたい人たちもたくさんいる。そしてそんな人たちも、たいていあたたかい心の持ち主だ。

こんなふうに似たもの同士が寄り添って、支え合いながら生きていけばいい。気の合う人がほんの少しでもいてくれればそれで最高だ。彼らと一緒にキンと冷えたビールで乾杯し、語って笑って、穏やかな時間を過ごす。

これくらいできれば、僕はもう、十分に立派な人生だと思う。

5

毎食後に歯磨きをする

次のことを毎日繰り返していれば、1週間どころか1カ月、いや数年さえあっという間。すがすがしいほどのダメ人間になれるだろう。

1. ゴロゴロしながら一日中スマホをいじっている
2. やるべきことが山積みでも手を付けない
3. 運動、掃除はとことん後回し
4. 風呂も食事もめんどくさい
5. 「そろそろやらなきゃ」といつも思うだけ
6. 絶対に行動に移さない
7. これじゃダメだと知りつつも、行動を改めない

8. 意欲がなく、無気力だ
9. やらない言い訳ばかりしている

いやいや、誰だってダメ人間にはなりたくないだろう？　何よりやっかいな問題は、ゴロゴロしてまったく何もしていないのに、きちんと休んだ感覚も得られないという点だ。

猛烈にだらけているくせして、頭の中では「やらなきゃ、やらなきゃ」ってやるべきことが渦巻いているからムダに疲れる。何から手を付けたらいいのかわからない。

おまけに未来に対する不安もいっぱいだ。思い切ってしっかり休んでリフレッシュし、新たな気分で出発できればいいけれど、当然そんな潔さもない。

こんなネガティブ生活から抜け出すには、ごくごく小さいことから着手することが効果的だ。例えば、毎食後にちゃんと歯磨きをするとか、腕立て伏せを毎日3回だけするといった、子どもでもできるような簡単なこと。まずは今の悪しきルーティンを断ち切ることが先決なのだ。

6 「5つの悪癖」を今すぐ手放す

一番ありふれていながら、一番面倒なこと。それが努力だ。ストイックすぎる必要もないけれど、何ごとも努力なしには成り立たない。

1. なまけグセ

自分は生まれつきのなまけ者だという人も心掛け次第でマメな人に変われる。まずは、やるべきことことスケジュールをまとめたＴｏＤｏリストを作ろう。ひとつずつ実践していけば、マメな人と同じくらいにやり遂げることができる。

2. 口の悪さ

やけに生意気なしゃべり方の人、すぐ舌打ちする人、話の最後にイヤミとか悪口をご丁寧に添えちゃう人。こうした口の悪さは、本人は自覚していないけれど、かなり損をしている。言葉遣いって、意識するだけで意外とちゃんと直るものだ。

3．ぼろぼろの肌、ぶよぶよの体型

毎日2リットルの水を飲み、1時間運動する。これを続けるだけでハリのある肌と健康的な体型が手に入る。理想の体とは、一時的なダイエットじゃなくて努力の継続が作り上げるものだ。

4．ダメな習慣

暴飲暴食、喫煙、小麦製品に偏った食生活、食後すぐに横になるなどの悪習慣……。いきなり断ち切れずとも、心掛け次第で回数や量を減らしていくことはできる。減らせば減らすほど健康になっていく。

5．あきらめグセ

「人は簡単には変われない」という言葉は、努力できない人にだけ当てはまるもの。正直、人は誰でも、地道に努力すれば無限に変われるポテンシャルを持っている。変

わりたいと思うなら一つひとつ実践していけばいい。そのうち自分のアップデートが完了している。

7 「すてきな環境」に身を置く

何かと集まっては酒を飲んで愚痴ったり、不幸自慢で盛り上がる仲間。そんなやつらの周りには同レベルの人間しかいないもの。もしキミがそんな連中とつるんでいるようなら、相手が幼馴染であれ同級生であれいったん距離を置いてみるに限る。ポジティブで仕事も順調な人は、そうしたタイプの人間とはそもそも付き合わない。人間は空間から影響を受ける生き物だからだ。

例えば、オーシャンビューのリゾートホテルで始まる一日は普段より気分がいいように、よい空間は心にもよい影響をもたらす。気分がよければ、日常生活にも態度にも好影響だ。

5つ星レストランで極上のおもてなしを受ければ、普段からマナーにうるさい人でもさらに背筋が伸びるし、高級感のあるパジャマを身に着ければ、寝るまでの行動も自然と優雅になる。よい環境は好循環のトリガーだ。

だから賢い人は、環境がもたらすメリットをよく理解している。彼らは成功した人の姿勢やマインドを学ぶためには、お金や時間を惜しまない。著名人の本を読んだり講演を聞きに行ったりするのも、そこでよい影響を受け、自分の環境を改善するためだ。

すてきな環境に身を置くことが、今置かれている境遇を変えるきっかけになる。

8 過去のトラウマを断ち切る

幼い頃に、親同士のケンカが絶えなかったとか、家庭内暴力を経験した人は、大人になっても心の傷が付きまとう。すぐに焦ったり不安に陥りやすかったり、特別な理由がなくても常にハラハラして心が落ち着かず、漠然とした情緒不安に悩まされる。そんな感情に振り回されるのも、近しい間柄であっても相手が豹変（ひょうへん）することがあるという事実を、幼い頃から学習してしまったせいだ。

そんな子どもは、無意識のうちに人のことが怖くなってしまう。成長しても、人間関係が少しでもアンバランスだったり居心地が悪かったりするだけで、その関係から遠ざかろうとする。結果、表面的な人付き合いしかできなくなる。

今、人間関係において、しょっちゅう不安を感じたり人を避けてしまうようなら、過去を振り返ってこうした状況がなかったかを見つめ、自分の救済を考えてみてほしい。

子どものうちは受け身でいるしかなかったけれど、成長した今なら、自分を救う力だって十分にあるはずだから。

9 元恋人の「SNSパトロール」をやめる

最高の復讐って、自分が幸せでいることだ。自分を捨てた過去の恋人より、はるかに幸せでいること。これほど胸のすく復讐はない。

人間って、無意識のうちに自分が今いるレベルを確認したがるクセがある。自分は人よりよい暮らしができているのか、そうじゃないのか。そんなことを考えながら過去を振り返っていると、ふいに昔の恋人のことが気になったりもする。人づてに探ったり相手のSNSを偵察したりして、こっそり調べる。

そして元恋人が幸せに暮らしていることを知ると、うらやましいやら悔しいやらの感情が腹の底から湧き上がる。

裏を返せば、ムカつく相手にはこうした心理を利用して復讐することができる。

経済的に成功して、見た目にも気を配り、勉強して内面も磨き、過去の相手よりずっといい人に出会って幸せに暮らす。そんなふうに生きていれば、風のうわさであれSNSであれ相手の耳に届くに違いない。なんて痛快な復讐なんだろう。

だからこそ絶対に見せたくないのが情けない姿だ。動揺してわめき、すがりつく姿なんて最悪中の最悪だ。相手に1ミリでも残っていた情だって醒めるだろうし、悪影響でしかない。こちらがひどく取り乱したりすればするほど、相手は別れて正解だったと喜ぶだけ。

ところで、一度窮地に陥った人が見返してやろうと奮起して大成功を収めた、なんて話も世間では珍しくない。復讐心はとんでもないパワーの源になる。

大事なことは、この強大なエネルギーを相手を恨むことに使わず、「ただひたすら自分磨きのために使う」という賢明な姿勢にある。

10 「精神力のムダ遣い」をすぐにやめる

充実した一日を送るのに集中力は不可欠だ。「気が散って集中できない」なんてよく言うけれど、そうならないためにも気が散る原因を突き止めたほうがいい。

その最たるものはスマートフォンだ。もはや現代人の誰もが手放せなくなっているコイツが、事実上もっとも多くの時間と精神力を奪っている。

スマートフォンが手元にあれば、各種ＳＮＳや動画サイトなどに指先ひとつでアクセスできる。これらはちょっと開いたが最後、瞬時に人をのめり込ませ、時間と気力を奪っていく。

テレビや動画配信サイトの類も同じだ。あらかじめ、特定の時間帯に何時間だけ視聴するといった計画を立てることと、何よりそれを遵守する姿勢が重要だ。

そもそも人間は、肉体的な活動に限らず精神的な活動でも多くのエネルギーを消耗している。充実した一日を過ごすには、ここぞという大事な場面で集中できる精神力が不可欠だ。

余計な心配や後悔もそうだ。まだ起きてもいない未来のことを心配したり、過ぎた過去のことをいつまでもくよくよ後悔したりすること。まともに対処できなかったらどうしようとか、できなかった自分を責め続けることも全部神経をすり減らす。

精神力のムダな消耗を省くこと――。これこそが本当に必要なときに、必要な場面で、最高に集中できる秘訣なのだ。

11 毎日5分、今日一日を振り返ってみる

目標に向かって自分の人生をきちんと歩めているのか気になるときがある。それを確認するには、毎日の生活を自分自身でコントロールできているのか振り返ってみるのが一番だ。

今日一日の気分はどうだったか。計画どおりに実行できたのか。立てた目標に少しずつでも近づけているか。ふとした瞬間に湧き上がる雑念をコントロールできているか。冷静にチェックしてみよう。自分が描いたビジョンに近づけているのなら、十分にきちんと暮らせている。

もしビジョンからかけ離れているようなら、キミは今何かに振り回されてはいない

だろうか？　スマホを手にしただけで制御不能になって、たった1通のメッセージを確認するつもりがSNSもチェックして、YouTubeまで見てしまったり……していないか？

そんな調子では目標からどんどん遠ざかるだけ。気分や劣等感にかき回されたり、他人に翻弄されたり。そんな小さいことにあれこれ気を取られ過ぎて、計画したことが後回しになっているのではないだろうか。

時間は意図せず奪われていくもの。だからこそ、まずはスマホみたいな小さな誘惑からコントロールしていけるようになろう。

時間を決めること、さっさと切り上げること。そして、今すべきことから着手すること。人はロボットじゃないから、毎日きっちり同時刻に動くことはできない。それでも、自分の行動を思い通りにコントロールしていくことで、きちんとした暮らし、そして、よい人生にどんどん近づいていける。

12 「カッコいい」かどうかを基準に生きる

複雑に考えることはない。自分が自分がカッコいいと思える生き方をすればいいだけだ。他人に対してではなく、自分が自分に「カッコいい」って言ってあげられることなら、どんどんやってしまえばいい。

ああだこうだ問い詰めたり推し量ったり。やっていいのか悪いのか、行くかやめるか、タイパがいいのか悪いのか、自分の考えは正しいのか間違っているのか、人からどう見られているのか、ヘンじゃないのか、関係が崩れるんじゃないか、今あるものまで台無しになりゃしないか……。そんなごちゃごちゃした心配や悩みごとはとりあえず置いておいて。

「その行動をとっている自分のことをカッコいいと思えるかどうか」だけをただ考えてみる。ね、シンプルでしょ？　カッコよければGOだし、ダサけりゃやめとく。

すごく迷ったときにはこういう単純明快さが有効だったりする。もちろん、一生ずっと単純に生きろっていう話ではない。

頭がごちゃごちゃして爆発しそうなとき、思考がまとまらないとき、やたら時間ばかり掛かるとき、焦りとプレッシャーで押しつぶされそうなとき、何かをしなければならないような強迫観念に襲われたとき――。

そんなときこそシンプルに考えよう。自分がカッコいいと思えるなら迷わずそっちの方向に進んでみる。情報が多すぎて考えがまとまらないときこそ、シンプルな選択がカッコいい人生にしてくれる。

13 自分との約束だけは必ず守る

自尊心を高めたいなら自分との約束を守るに限る。他人との約束ではなく、自分と約束して守ること。この方法が、自尊心をいち早く確実に高めてくれる。

ただし、絶対に守れないような約束は逆効果となるので避けること。やたら高い目標を掲げたりせず、難しくない小さな目標を立てることが重要だ。

毎晩の習慣になっていた夜食を週に一度だけに減らす。一日10分の散歩を日課にする。英会話の動画を毎日一本ずつ視聴する。

こうした具体的で現実的な目標を掲げて、「やり続けるんだ」と自分と約束する。地味に思えるような約束でも、3日、1週間……と、こなす回数が増えていくにつれ、自分のレベルがだんだんと高まっているような実感が湧いてくる。

この、〝向上心を持つ感覚〟が重要だ。向上心とは今の自分をさらに発展させたいと願う気持ち。**自尊心を高めるカギはまさにこの向上心にある。向上心を積極的に活用すれば、自分をどんどん進化させていける。**

14 たまには「ひとりきりの時間」を持つ

ひとりきりの時間を持つべきだ。僕も以前は、ひとりでいる時間が何だかミジメに思えて耐えがたかったんだけれど、今ではひとりきりの時間の重要性が身に染みてわかる。

社会で生きるとは、学校や職場、サークル、同窓会、町内会など、いろいろな集団に属することでもある。こうした何らかの集団に属することは、人間らしい日常とは切り離せないものだ。

とは言え、集団には人間関係や利害関係が絡んでくるから、ちょっとやっかいだ。

集団で我を出し過ぎると煙たがられて居心地が悪くなるだけだから、たいていは一歩引いてその場の空気を重視するだろう。

こうなったときの人間関係は足かせでしかない。自分の気持ちは二の次となり、思考と行動が制限される。おまけに、こうした思考と行動は無意識のうちに習慣化してしまう。普段から自分より集団のほうを優先するようになるから、ますますくたびれていく。

ひとりきりの時間は、こうした習慣から自分を切り離すためにも絶対に必要な時間だ。他人との関係から離れることで客観的に状況を見つめ直すこともできるし、自分自身を整えることもできる。重くて窮屈な足かせを外して、ありのままの自分に出会う時間でもある。

自分らしく生きるために――。

まずは、ひとりきりの時間を持とう。

時間は神秘的で、そして儚（はかな）い。
僕らの起源となった7百万年前の最初の人類も
建国の神話※になった5千年前の檀君（タングン）という存在も
神となった2千年前のイエスと呼ばれた存在も

僕のおじいさんのおじいさんも、みんな同じように
夜空に浮かぶあの月を見上げてきたのだろう

月にとっては、そのどれもが一瞬で
いつでも等しく、あの空から照らしてきたのだろう
あの日あの時の月が、今日も僕らを照らしている
僕の子どもの子どもだって
きっとあの月を見上げるのだろう

百年も生きられないくせして――
さも永遠でいられるかのような顔をして
僕らはなぜあくせく暮らしているんだろう?

※建国の神話とは、朝鮮の建国神話である『檀君神話』のこと。

15

心が空っぽのときは「大好きなコンテンツ」に頼る

給料日前の財布みたいに、心だってすっからかんの日がある。語る言葉が心の中のどこにもなくて、何も話せないようなとき。心がすっからかんの日は、いつもより自己中心的な人間になる。

自分の機嫌さえ取れないんだから、他人のことまで気を回す余裕なんかない。身近な人のゆううつとか痛みにも気付かないふりまでする。

ひどいときは、自分自身のゆううつや痛みにもフタをする。ほっときゃ治るとばかり適当にやり過ごすけれど、ただただダルくて身の回りのこともどうでもよくなる。

そんなとき僕は、大好きな作家の本を読む。大好きな監督の映画を見る。大好きな歌手の歌を聞く。大好きな作品には、今の気分にぴったりのすてきなフレーズがたくさん詰まっているから。

そのフレーズは、貧しくどケチになってしまった僕の心を癒やし、豊かに満たしてくれる。すてきなフレーズとは、気持ちを代弁してくれる言葉であり、胸のつかえがスッと取れるような言葉でもある。そして、生きる勇気と希望をくれる言葉でもある。

空っぽになった心を豊かに満たし、無気力な僕らを立ち上がらせてくれるのは、いつだってすてきな言葉の数々だ。僕自身、そしてキミにとって、そんなすてきなフレーズみたいな人になりたい。

16 「何もしない、考えない」時間をつくる

心と体をリラックスさせ、一番楽な姿勢で座る。横になってもOKだ。次々と湧き上がる不安や悩みをしばしオフに。考えることを止める。

何も考えずぼんやりする。できるだけ全身の力を抜いた後、うんと伸びをしてみよう。しんと静まり返ったおだやかな湖を思い浮かべる。ガチガチになった首や肩、背中から、剝がれ落ちるように緊張がほどけていく。

心と体を、ときにはこんなふうに休ませてあげる。リラックスしたピースフルな感覚を忘れないように。キャパオーバーの重い負担やプレッシャーは、手放そうにも捨てられないことが多い。

「自負やプレッシャーのおかげで今がある」と考えてしまえば、どんなに疲れていてもがまんし続ける理由になってしまう。一方でそれは、心と体が悲鳴を上げる原因にもなる。誰もが避けられない諸刃の剣みたいなものだ。

毎日がハードモードである必要はない。頑張ったら数日休んで、また頑張ればいい。しっかり休む日があるから、とことんハードな日とのギャップが効いてくる。それでこそグッドバランスだ。

あまりにも厳しいプレッシャーは、気持ちを急かすだけで仕事をさらに難しくする。しんどくなる前にバランスの取れた休息を。休む時には全力でのんびり休むのが正解だ。

ふらっと　どこかへ旅立ちたい
行き先なんかどこだっていい
大事なのは
心まで疲れきって　ヘトヘトで
もう　限界ってことだ
ただ「休日」という日があるだけで
休めていない　近ごろだから

17

ネガティブな自分に気付いてあげる

気分が落ちているときの思考パターンは、こんなふうになりがちだ。

1.「どうせうまくいかない」としか考えられない

失敗を経験した人は、それ以上傷つきたくなくて期待することを止める。物事をネガティブにしかとらえられなくなるから、言動も否定的になる。こんな状態が心理メカニズムでいう「防衛機制」だなんて、普通は自覚できないもの。

2.他人と自分を比較する

生きている以上、人との関係は避けて通れない。換言すれば、他人の視線から一生逃れられないってこと。どんなに心臓に毛の生えた人でも裸では出歩けないように、誰だって他人の視線は気になるもの。しかしこのことが他人との比較をまねく。やたら自分と他人とを比べてばかりいると、「ダサい」とか「全然ダメ」だなんて自分に対するネガティブなジャッジばかり下すようになる。やがて、自分に冷たくなる。

3. 度を超えたがまんをする

がまんにも限界がある。もう耐えるだけ耐えた。これ以上は無理、爆発する、みたいなときだ。その限界を超えると、今度はひどく敏感になってしまう。いつもなら笑ってやり過ごせるようなことも引っかかるようになる。ささいなことにもイライラするし、腹が立つ。普段、爆発することのなかった冷静な人でも、思考回路がバグってマイナス方向に受け止めてしまうようになるのは、こうした状況に追い込まれているからだ。

行動や思考がいつもと違っているなと感じたら、気分が落ちている証拠。自分の思考がネガティブになっているのだと気付こう。

18

心がぐらついたときに無視すべき3つのこと

心が疲れているときほど、次の3つのことは徹底的に無視しよう。

1. 他人のうわさや悪口

自分の生き方に不満がある人ほど他人のうわさ話をしたがる。本当に充実している人は自己研鑽に忙しく、他人のどうでもいいことに関心がないもの。うわさ好きな人って単にコンプレックスの塊で、他人の悪口を言って優越感に浸っているだけ。だからそんなやつらに何か言われても気にすることはない。そんな連中のことで悩むために、時間という貴重なリソースを割くなんてもったいない。

2. 他人からの嫉妬

もし誰かに嫉妬されているようなら、あなたが今とても成功している証拠だ。嫉妬の感情は自分より低レベルだと思う人間に対しては生まれないものだからだ。安物のバッグはうわさにも上らなければコピー商品が出回ることもないけれど、ブランド品はそうじゃない。つまり、そういうこと。

3. 自分の弱さを否定すること

世の中には、強靱なメンタルの持ち主という人種が存在しているように思うけど、実際はそうじゃない。彼らは絶えずメンタルを整えているだけなのだ。メンタルは誰だって揺れ動くもの。強く見える人は、その揺らぎを表に出さず、心の中で静かに整え直しているだけだ。

メンタルが揺らいでも、崩れないで。
揺らいだって、そのたびに立て直せばいい。
気分は何度でも整えることができる。

19 なぜか人に好かれる人が絶対しないこと

1. 媚びない

相手がイヤがることをせず、ただ自分のすべきことをしているだけ。嫌われないようにと媚びへつらったり、気を引こうといった下心もない。ガツガツせず人付き合いはたいていあっさりめ。好感を持たれるのは、意外にもこういう人。

2. 先走らない

うかつな失敗がない。次に何が起こるのかを深く考えている。相手との摩擦を回避するのにこれほど有効なことはない。まれにリアクションの早さを自慢する人がいるが、勘違いも甚だしい。自分はフレンドリーで頭の回転が速いとでも言いたいのだろうが、傍から見れば軽はずみで無礼な人だったりする。

3. 何事も「当たり前」だと思わない

何事にも対価が伴うことを理解している。そのため、相手の苦労や努力を当たり前だと軽んじることなく、きちんと感謝し、返すことができる。

世間には処世術を間違えて学んできた人のほうが多いみたいだ。その証拠にあちこちで人間関係が破綻している。生来の性格なのか、正しく行動できる人にもまれに遭遇するけど、ほとんど天然記念物レベル。

好感度の高い人たちの多くは、学校生活や社会生活を送りながら、たくさん失敗して傷ついた経験のある苦労人だ。その経験を糧（かて）としながら、努力を重ねて体得してきたのだ。

20 「行動がダサい人」と距離を置く

絶対に距離を置いたほうがいい「行動がダサい人」は、こんなときに馬脚を露わす。

1. 自分より立場の低い人に高圧的なとき

相手の本性を知りたいなら、特別に気を使わなくていい人と接しているときの様子を観察するに限る。家族や老人、子ども、ペット、お店のスタッフなど、気楽な相手と接するときは仮面を脱いで無防備な姿をさらすものだ。威圧的だったり無礼だったりしていないか？

2. カネを出しているからと威張り散らしているとき

このタイプは、カネを出すことを権力だと思い込んでいる。サービスが金額に見合わない場合は論理的に意見を述べればいいだけの話だ。大声を出したり高飛車な態度を取るなんて許されるものではない。

3. 他人の好みを見下しているとき

こういう人は自分こそ宇宙一センスがいいと勘違いしている。自分が心酔しているジャンルやアーティストだけが素晴らしく、それ以外の大衆的なカルチャーを小バカにする。クリエイティブ業界によく生息しているんだけど、こういう自分の趣味嗜好だけが高尚だと思っているやつらには、一種の特権意識でもあるんだろうか。

彼らの共通点は、自分が傾倒するジャンルをバカにされると烈火のごとく怒り出す点にある。お宅らも同じことをしてきたのに、何をキレてるんだって話だ。自分の嗜好が尊いなら、他人の嗜好だって尊いはずだろう？

こうした「行動がダサい人」たちとは、そっと距離を置くほうが賢明だ。人間の思考回路はコンピュータみたいに簡単には書き換えられないもの。できるだけ相手にしないほうが身のためだ。

わかち合える人だけが手に入れられるもの

うだるような暑さの中、押しつぶされんばかりの大量の仕事に向き合う男。キルは、自動車の板金工場を営む社長だ。書類の一つひとつに目を通し、長いこと集中していた手をぴたりと止めると、だらりと腕をぶら下げた。冷たい水をゴクゴクとあおる。

「ふう〜っ……」

地球規模の感染症がまん延し、誰もが痛みを強いられている。業種によっては経営が傾き、崖っぷちに追い込まれた者も少なくない。こうした厳しい状況のただ中で、なぜかキルの会社には仕事が殺到していた。景気は下降の一途をたどっているというのに。普通に考えてもあり得ないことだ。

年若い頃から板金技術を学び、思い切って会社を興して11年——。初めからすべてが順調だったわけではない。テクニックも社会人経験も不足していた駆け出しの頃は、失敗と挫折の連続で何度も辛酸をなめた。

それでもキルは腐ることなく、ただひたすら前だけを見て走った。派手に宣伝をしたりせず、訪れてくれた顧客のために最善を尽くすよう努めた。工賃だってごまかそうと思えばいくらでもできたが、適正価格で提供した。交通事故でぐちゃぐちゃになった車も、新車と見間違えるほどに修理してみせた。どんな仕事でも可能な限りの手を尽くし、どこよりも基本に忠実に働いた。そのうち頼みもしないのに、キルの板金工場を推薦する利用客たちのクチコミが広がり始めた。

利用客もバカじゃない。大切な車を預けるのだから、くまなく検索し比較してから選ぶ。価格、テクニック、装備、仕上がり、ホスピタリティ、サービス。こうしたすべての要素をクリアできる業者というのはなかなかいないものだ。

だからこそ、キルの工場がウケた。修理した車の仕上がりはもちろん、サービスやスタッフの親切ぶりまでが高評価の対象だった。喜んだ利用客が工賃の中にスタッフへの食事代まで忍ばせてくれたことも多々あった。

こうした利用客の半分以上がリピーターとなり、キルの工場を再訪した。キルはリピート客には格別の気配りをし、丁寧な仕事を心掛けた。

そして、これに感動したリピート客が自分の知人たちにもキルの工場を紹介し、その知人たちがまた別の新しい顧客を紹介してくれた。信頼が信頼を生んだかたちだ。こうしてキルはこの業界での知名度を上げ、成功を勝ち取った。しかし当の本人は、その成功を自分ひとりの力で成し遂げたものとは思っていなかった。

キルは、この成功がスタッフや支えてくれる常連客がいてくれたおかげだということを肝に銘じていた。だからこそ、ことあるごとにスタッフとの食事会を催したり、年俸をアップするなどして感謝の意を表してきた。常連客に対しても、少し余裕ができればプレゼントを贈るなどして気持ちを伝えてきた。

キルは、成功を独り占めすることより、みんなとわかち合うことに喜びを感じていた。特に自分が大切にしている人たちとわかち合うときの多幸感は、言葉では言い表せないほどだったから。わかち合うたびに、ぽっかり空いていた部分に何かが満たされていくような感覚を味わった。キルにとっては、わかち合いが充足そのものだった。

ただわかち合いたいと思っていただけなのに――、

彼はいつの間にか、この世で一番忘れてはならない賢明な知恵の持ち主となっていた。

第2部

上機嫌な人ばかりが周りに集まる習慣

21

人脈を広げようとしすぎない

無理に人脈を広げようとしてあくせくすることはない。人脈って広げるものではなく、広がるものだ。そもそも、人脈を無理に広げようとすると、時間とカネはもちろんだが、余計な気まで遣うことになる。

増えた人脈を維持するのも大変だ。気乗りしない酒の席やレクリエーションにも顔を出さなきゃならないし、特に、相手が自分より格上などの「おいしい」人脈だったりすると、イヤでも相手に合わせる羽目になる。

そうなると、自分の持てる時間やコストをそちらに割かざるを得ない。本来なら、自らのスキルアップに投資すべき貴重な資源をつぎ込むなんて、どう見てももったいない。だったら、ムダな付き合いを広げることなんかより、自分の成長に集中したほうがよっぽど建設的だ。

実力があって誠実な人なら、人脈は自ずとついてくるもの。そんなすてきな人がいたら、誰も放っておかないだろう？　だから自分自身がすてきな人になればいい。

そうやって生まれた縁を大切にすればいい。自然に発生した関係では、お互いがフェアなので変な気遣いも不要だ。一方的に搾取されるようなこともない。これこそが堅実な人脈を作る秘訣だ。

22
「できない理由」ばかり探さない

「絶対ダメ」「絶対無理」などとできない理由ばかり並べ立てる人からは、できるだけ離れるべきだ。人生に失敗は付き物。この「失敗」だって、チャレンジしたからこそ起こったこと。つまり、最悪の失敗とはチャレンジすらしないことのほうだと思う。

かのアインシュタインが、「狂気とは、同じことを繰り返しているだけなのに、異なる結果を期待することだ」と言ったとか。この名言は、何の変化も起こさないくせに良い結果だけは望むという、矛盾した欲張り人間に向けた戒(いまし)めの言葉だ。できない理由ばかり並べ立てる人はまさにこのタイプだろう。

何ごともまずは試してみてからだ。改善点があれば改め、それでもダメなら別の方法を探せばいい。その方法でもダメなら、さらに別の方法を探す。

手を尽くして結果的にダメだったのなら仕方ない。違うことにチャレンジすればいい。**大事なのはできない理由を探すことじゃなく、やりたいならとにかく動いてみることだ。**それでこそ、明日が変わる。変わった明日が少しずつ積み重なって、いつかは見違えるような自分になっている。魔法のように一瞬で変われる人などいないから。

キミの目標や夢に対して、できない理由ばかり探すような人が近くにいたら要注意。今すぐ距離を置こう。その人が成功できていないのは、そうやってチャレンジを避けてきたからだ。ネガティブで弱虫な人の言葉に邪魔される理由なんか、まったくない。

どんなときであれ
どんな状況であれ
理由も
疑いもなく
ただ味方になってくれる人

そんな人がひとりでもいてくれたなら
一生救われる

23

「他人の顔色をうかがう自分」を否定する必要はない

誰かとの縁を切ることに抵抗を感じる。それは、あなたが小心者だからではなく、情に厚い人だからだ。何事にもよく気が付いて優しすぎる。だから、強気に出られない。当然、相手を傷つけてしまうような言動などできない。

相手の態度が変われば、何か気に障ることでもしたのではないかと心配し、遠ざかろうとする相手には近づこうと努力し、去りゆく相手はつなぎとめようともがく。

ほんのいっときでも仲がよかった相手とは、かつてのような関係を維持したい、時間を戻したいとも考える。相手を傷つけてはいけないと文句のひとつも言えない。

現金な人間がやるようにバッサリと関係を断ち切ってしまいたくても、うまくできない。周りから見ればもどかしいことこの上ないが、本人が生まれ持った性格だから仕方がない。

だけど見方を変えれば、このタイプの人は相手を思いやることができる。どんな言葉や行動が人を傷つけるかを知っていて、他人が見過ごしがちなことにも細かく配慮ができるあたたかい心の持ち主なのだ。

やわらかなヒューマニストのあなたへ。あなたは間違っていない。ただ、彼らと違うだけだ。

24

「大切にしてくれない恋人」からは離れる

恋人の言動のつじつまが合わない。自分との関係がおざなりにされている。そう感じるたびに、相手への失望が膨らんで、こちらの心も遠ざかっていくものだ。

相手の気持ちはSNSの対応ひとつとってみてもわかる。普段は既読にもならず返事すらろくにしない相手が、仕事の電話やメールに即対応するのを見たとき。不満のひとつも言いたいところだが、仕事の連絡なら仕方がないと自分に言い聞かせて、ただやり過ごすしかない。

そのうち、他のことでもだんだんと自分の優先順位が下がるのを感じるようになる。連絡はよこさないのにゲームには熱中する。メッセージに返信しないのにSNSはオンライン中になっている。電話する時間がないと言いつつ、テレビや動画を見る時間はある。会う時間がないと言いながら、他の人とは会っている……。

こんな相手に対して、いったいどこまでがまんし続けるべきなのか？　長引くほどに自分がミジメに思えてくる。付き合い方の問題というより、自分自身の、人としてのプライドに関わる問題だ。

付き合い始めの頃はそうでもなかった相手がこうした態度に変わると、心変わりを痛感せざるを得ない。**いくら口では違うと言われても、相手のぞんざいな態度は否定しようがないもの。こちらも愛想を尽かすしかない。それは十分に心が遠ざかっていく理由になる。**

25

「気さくな人」を生涯大切にする

気さくな人はどこへ行っても人気がある。相手に気を遣わせず気楽に付き合えて、自然に心を開きたくなるような人。まるでビールのやわらかな喉ごしみたいに、スルスルと会話がつながる人。

大したテーマなんかなくても次から次へと話題が絶えず、くだらない話もできるノリのよさまである人。オチなんかないような話でも笑顔にさせてくれる、ユーモアを忘れない人。口も堅く、ときにはこちらがこぼした愚痴や文句も黙って聞いてくれ、味方になってくれる人。誰にも理解されないだろうと封印していた話にも共感してくれ、あたたかく受け止めてくれる人。

ただ話して、ただ聞く――。それだけのことなのに、心がふわっと軽くなる。その人に話すと散らかった思考がまとまって、気持ちが落ち着いていく。

僕らが生きている社会ってやたら乾いている。気持ちよりも仕事や義務でつながっているせい？　人間性よりも実績や成果が優先されるから？　毎日そんなドライな人間関係の中にいたら、誰の心だって砂漠に放り出されたようにカラカラに乾いてしまう。

そばにいてくれる気さくな人はまさに砂漠のオアシス。ひび割れた心に沁み込んでうるおしてくれる、命の水みたいな存在だ。肩の力を抜いて心を委ねられる人がいるということ。これがどんなに価値あることなのか、その人への感謝も忘れずにいたい。

26 誰しも「察してほしいとき」がある

ひとりきりのときよりもつらいのは、自分の気持ちを誰からも理解してもらえないときだ。そこで感じる孤独のほうが、ひとりきりのときよりもずっとつらい。例え友人や仲間、恋人、家族がそばにいても、自分を理解してもらえないのは本当に不安で、さびしいものだ。

わがままかもしれないけれど、誰にだってこちらが語らずとも察してほしいときがある。実は相手が気に掛けてくれるのを待っているようなとき。しかもその相手は自分にとって本当に意味のある人でなければイヤで、望まない相手に近づかれるとウザいだけだと思ってしまう。

感情はきちんと表現しないと伝わらないとは言うものの、自分でも意図しないうちにもれ出しているときもある。

周りが心配するほど気持ちが顔に出てしまっているときとか、ゆううつすぎて声まで弱々しくなっているとき、食欲まで減退してまともに食べられないとき、逆にストレスを過食で解消しているとき、不眠が続いてぐったりしているとき……。

こんなときこそ、いよいよ誰かに察してもらいたい。不安で、苦しくて、ひとりではとても耐えられそうにないのだから。

27

「終わった恋愛」は潔く手放す

終わった恋が忘れられない。とにかく自分が潔く身を引けば「ハイ終了！」と頭ではわかっているのに、楽しかった頃の思い出ばかりがフラッシュバックする。相手と一緒に過ごした大切な思い出やハッピーな時間が忘れられず、ずっと引きずっている。

あのときのあたたかい気持ち、やわらかなぬくもり、そして優しさ。一緒に紡ぎあげてきたたくさんの思い出にずっと浸っていたい。またあの頃に戻りたい。自分のプライドが傷ついたとしても、それが正直な気持ちだ。

だから、どれだけミジメでもあきらめきれない。あきらめた瞬間に捨てられたと認めるようで怖いのだ。頼むから置いていかないでって、心から叫びたい。

自分ひとりだけが努力しても相手がそれを理解してくれない関係。心で泣いていてもウソの笑顔でごまかす関係。悲しい笑顔ってこれのことかって、生まれて初めて思い知る。あきらめるのが怖いし、あきらめきれない。全部本心だ。

それでも踏ん切りをつけなくちゃならない。努力すれば元通りになるなんて希望を抱きがちだが、そういう類のもんじゃない。すべてを手放すことは自分のためでもあり、相手のためでもある。

どれほど大切だった人でも、終わってしまった関係ならこれ以上は意味がない。あきらめることも愛だから。

28

「損得勘定抜きで信じられる人」に感謝する

美しい人間関係は信頼抜きには語れない。なのに、信じたくても、信じられる人がいない。子どもの頃はピュアな気持ちで付き合えていた友人たちも、成長するにつれて変わっていく。

変わる理由は大きく2つ。カネと、嫉妬だ。

社会に出ると、知らず知らずのうちに汚れていることがある。世の荒波にもまれるままダークサイドを見聞きし、人によってはそっち側に流されてしまう。そのうち、悪事に対する感覚が鈍くなっていく。さらにまずいのは、そのことがはた目にもわかりづらいため、自分の心が黒く染まりつつあることに本人も気付かないところだ。

人が黒く染まるときは、真っ先にカネに対する思考が麻痺（まひ）する。悲しいことに、カネが絡むと一緒に育ち生きてきた家族同士であっても、嫉妬されたり、裏切られたりすることがある。カネの威力の前には、愛や義理、道徳、信頼などすべてが何の意味も成さなくなる。何より、身近な人が自分より成功すると妬ましくてたまらない。自分の感情が嫉妬とも知らず、その人の悪口を言いまくる。

この社会がカネと嫉妬に絡んだ裏切りに満ちているのはその結果だ。

だからこそ、こんな世の中で信じられる人がいるってことだけですばらしい。そういった損得勘定抜きに信じられる人。そんな相手がいる奇跡と、そばにいてくれるその人にひたすら感謝だ。彼らのおかげで、人間関係が美しくいられるのだから。

29

「さびしさ」には2通りある

「さびしさ」には2通りある。どちらも心にぽっかり穴のあいたような喪失感がある点では同じだ。

ひとつ目は、単純なさびしさから来るもの。ひとりでは耐えられない孤独を誰かに会って埋めようとする。誰かと過ごせばそのさびしさは紛らわせることができる。

しかし、それくらいでは到底埋められないさびしさがある。**それが、ふたつ目のさびしさだ。人恋しくて、せつなくて、苦しいさびしさ。**

ひとつ目のさびしさは誰とでも癒やせるけれど、ふたつ目のさびしさは特定の人でなければ埋めることができない。心を捕らえられたまま去ってしまったその人に、会いたくて、恋しくて、胸が痛くてたまらない。

心の中にいるその人のことが懐かしくて、ひと目でも会いたい。押し寄せるさびしさに思わず泣きたくなる。残された思い出が美しいほどその苦しさも増す。

その人のことを思うと、センチメンタルな気分になる。時の流れとともにすべてがかすんでいくのに、その人の存在だけがどんどん鮮やかになる。

懐かしいさびしさを鎮(しず)めることはできない。

さびしくて、さびしくて、今夜も眠れない。

30

「他人」を信じられないときほど、「自分」の気持ちを信じる

人の気持ちほど信じられないものはない。自分の気持ちでさえコロコロ変わるのに、他人の気持ちであればなおさらだ。

相手の気持ちが読めなくて、自分の気持ちが決められないこともある。相手の急な気まぐれに傷つけられることもある。

自分のことも含めて、人の気持ちなんか当てにならない。恋人とか家族といった親しい間柄でさえ、ちょっとしたことでひびが入ったりもする。

小さな誤解からがっかりさせたり、ほんのひと言足りなかったばかりにすれ違った

り。それほど人間関係ってのは、難しくて気が抜けないものだ。繊細さと同時に、広くて深い理解力も求められる。

自分のことが信じられず余裕がないときほど気持ちも揺らぎがちになる。大切な人のことでさえ信じられず、心は千々に乱れる。だからこそ、不幸な結果を防ぐためにも心にゆとりを持つことが大切だ。今、僕らには、すごく立派な決心よりも、ゆとりある心を持つための知恵が必要なのだ。

まずは考え方を変えていくことから少しずつ始めよう。

自分で自分の気持ちを信じること。それが最初の一歩だ。

31 潔い人間関係を心掛ける

努力しても何の進展もない関係は放っておくに限る。人と人の関係には、努力すればするほど近づけるものと、そうじゃないものがある。

努力して近づける関係とは、相手にもその気があるとか、すごく馬が合う場合に限られる。お互いに望んでいるからその距離は縮まるしかない。人脈であれモノであれ愛であれ、近づける関係というのは、偶然が重なって何度も出会うとか、出会ったばかりなのに昔からの知り合いのような気がするといった、言葉では言い表せない不思議さをまとっているもの。

一方、努力しても近づけない関係とは、そもそも相手がこちらに興味がないとか、よく考えてみたら自分もそれほど興味がないケースだ。なぜかこの人とは会話が嚙み合わないとか、妙にモヤっとするような人との関係が当てはまる。

こちらから何度働きかけてもリアクションが薄い相手は特にわかりやすい。こういう相手とはそれ以上努力してもムダ。価値の生まれない関係だ。何より、こちらの努力にだって限界がある。

すべての関係をうまくやらなきゃって思う必要もない。無理するだけ時間のムダだし「感情労働」みたいになってしまうから。何度努力してもらちが明かない相手なら、迷わずスパッとあきらめてしまって構わない。潔い人間関係は、自分の心のためでもある。

――大丈夫？
うん、大丈夫
――つらくない？
うん、つらくない

キミがそばにいるから

一生、一緒にいてほしいキミが
僕のそばにいてくれる

それが本気で頼もしいんだ

32 元恋人のSNSは〝速やかに〟フォロー解除

付き合うときには両想いでも、別れるときはどちらか一方だけが冷めているケースは多いもの。恋愛の別れはアンフェアだ。お互いに胸を焦がしていたはずなのに、片方だけがさびしさを募（つの）らせる。愛し合っていたはずなのに、片方だけが胸を痛める。ふたり一緒に行動していたはずなのに、片方だけが待ちぼうけとなる。

ふたり同時に冷めたり、ともに胸を痛める別れもなくはないけれど、たいていはそうじゃない。**よくある別れの場合、残された側は来もしない相手からの連絡を何日も待ちぼうける。ひどい場合は、数カ月、数年だってずっと。**

相手は早々に新しい相手を見つけて次の恋を楽しんでいるというのに、残されたほうはいつまでも過去に留まったまま。ただ去って行った相手のことしか考えられない。
相手のSNSでプロフィール写真を何度も眺めたり、メッセージやBGMを確認したり。やがて、相手の新しい恋を知ってショックを受けたりもする。

相手のいなくなった空白が大きく感じられ、その虚しさを埋める方法もわからない。頭ではもう忘れるべきだとわかっているのに、心と体はまだ相手を求めている。

何よりも、心が頭の言うことを聞かないのが一番つらい。
いや、相手が同じ未来を見ていないことがもっとつらい。

33 さっさと縁を切るべき人5タイプ

これを読んでいて思い浮かぶ人がいるなら今日がその人と手を切るベストデーだ。

1. 相手の善意を利用する人

相手が情にもろくて事情を汲んでくれたり、無理な頼みも聞いてくれる人だと判断すると、感謝するどころか「いいカモ発見」とばかりにちゃっかり利用するタイプの人間。付き合い続けると寄生虫みたいにこちらの人生を蝕みかねない。

2. やたらと口を挟みたがる人

ことあるごとにあれこれ干渉してくる人間。自分ができないことですら他人に強要しようとするから、なおさらタチが悪い。

3. 思い込みが激しすぎる人

そんなつもりで言ったわけじゃないのに自分勝手に都合よく解釈してしまう人。もはや言ってもいないことまででっち上げるレベルだ。このタイプは常に味方を欲しがっていて、身近な人からSNSに至るまで自分を正当化する主張を言いふらして回る。

4. 陰口が大好物の人

誰だってたまには人の陰口を言うことくらいあるもの。しかし、それが習慣のようになっている人間には要注意だ。そういうタイプはあなたの前では誰かさんの陰口を言うが、誰かさんの前ではあなたの陰口を言っている。

5. ひどい気分屋の人

気分が態度に出てしまうときはある。しかし、それがあまりにも露骨すぎるとか、その都度態度をコロコロ変えるような人間とはさっさと縁を切ったほうがいい。そいつは「何となく」という気分ひとつで、信頼さえも裏切るやつだ。

34

「あのときの言葉」を引きずるな

「本気も本気だから」
——口先だけの本気だった。

「キミに苦労はさせないから」
——いやいや、あんたのせいでもっと苦労したわ。

「ずっとずっと一緒だよ」
——あいつの「ずっと」は、ほんの一瞬のことだった。

「他の人と一緒にしないで」

——違わない、一緒だった。

「信じてほしい」

——信じた自分がバカだった。

「キミを守りたい」

——守りもせずに去って行った。

「幸せにするよ」

——前よりさびしくて不幸になったわ。

「これからはもっと尽くすから」

——結局こちらが愛想を尽かした。

「いつだってそばにいるよ」

——だんだんとそばにいない時間が増えた。

はなからウソ八百だった言葉もあれば、初めのうちは本心だったものが、心変わりしていった言葉もあるだろう。結果論みたいな話だけど、結局は全部がウソだった。これだから愛情を信じるって難しい。**相手が変わるだけで毎回同じ言葉が繰り返されるだけだから。真の愛に巡り合えるのは一生に一度あるかないかという話だ。それでも、やっぱり信じたいのも愛だといえる。**

次の恋愛こそが真の愛であってほしい。そのせいだろうか？　僕らが毎回同じ言葉を繰り返すのは……。

35 「クソ失礼なやつら」を人生から叩き出す

失礼なやつに振り回されてはいけない。例えば、こんなやつらだ。

1. 素直を装った失礼

「正直言って」「率直に」「ぶっちゃけ」が口ぐせの人は、自分の言いたいことを真っ先に言わないと気が済まないタイプだ。相手の事情は一切関係ない。ただ自分に正直でいたいがために、相手がズタズタに傷つくことになろうがお構いなしだ。

2. 親しみでラッピングした失礼

馴れ馴れしい態度で面白くもない冗談を言うようなやつ。それでもまだ、冗談だけを言っているうちはマシで、タチが悪いと、その冗談の間にとんでもなく失礼で人を小バカにしたような言動をぶち込んでくる。本人は親しいからこれくらい許容範囲内だと思っているかもしれないが、言われたほうはすこぶる不愉快。

3．心配するふりをした失礼

心配だからとあれこれ指図してくるタイプ。どんな状況であれ、頼みもしないのにああだこうだと講釈を垂れられてもありがた迷惑でしかない。しかも口出ししてくる本人がそれほど詳しくないこともざらで、おまけにそれを本人が自覚していなかったりもする。似たような例として、アドバイスするふりをした失礼なやつってのも生息している。

こうしたやつらの共通点は、自分がとても失礼であるという事実を本人もよくわかっていないということだ。

周りにいる人たちは振り回されかねないので要注意だ。

36 自己流を押しつける「勘違い野郎」にご用心

失礼なやつ以上に厄介なのは、自己流を押しつける人たちだ。

1．おせっかいすぎる人

頼んでもいないのに世話を焼いてきたり、首を突っ込んでくる「おせっかい」。度を越えると「過干渉」のレベルだ。本人は親切心でやっているつもりだろうが逆効果でしかない。加減がわからないなら下手に関わろうとしないでほしい。

2．「評価」、「比較」が習慣の人

他人にレッテルを貼らないと気が済まないタイプ。こんな人と関わると、いつどこで評価されるかわからない。どうかご自身だけで、一生他人と比べながら生きていってほしい。個人の勝手な感想にこちらまで巻き込まないでほしいものだ。

3. 言葉遣いが汚い人

口のきき方がおかしい人と付き合うとストレスが溜まる。社会生活で出会う人は友達ではない。フランクな口調でフレンドリーさを強調できると思っているようだが、それは単なる無礼でしかない。本人のアタマを疑いたくなる。

4. アドバイス、説教の多い人

アドバイスも相談ごともサポートも、相手から望まれたときにのみすればいい。それ以外の状況では、いくらよかれと思っても、単に不愉快な指摘としか受け止められない。やたら教えたがりの人は説教くさいやつと思われていないか一考の余地あり。

こうした4つのタイプの人たちは、相手がそれを望んでいるか否かを見極めきれていない。自分のやり方が相手にも通用すると思ったらダメ。気を付けたいものだ。

37 周りにいたら絶対に大切にすべき人

その人は、向上心を刺激してくれる人だ。その人のそばにいると、自ずと努力しようという気持ちが湧いてくる。今の自分よりもっと頼もしい人間になりたい、もっと堂々とした、自信が持てる人間になりたいと心の底から思わせてくれる。

その人は、言葉遣いがすてきな人だ。ちょっとした言葉選びや発するひと言に相手に対する気配りが感じられる。その人の言葉のカーテンを開けたら、その向こうにはきっと美しい心が広がっているはずだ。

その人は、そのまんまロールモデル、お手本にしたい人だ。自分の人生に責任を持ち、大人として物事を解決していく姿は尊敬するほかない。その人みたいになりたいし、その人みたいに生きたいと思う。

その人は、与えられたらきちんと返すことができる人だ。世間には自分の利益しか頭にない連中ばかりというのにだ。また、感謝することはできても、その気持ちに行動で報いるところまでできる人は少ないもの。「いつか恩返ししなくちゃ」とは思っても、その「いつか」はいつ来るのやら。だからこそ実践できる人がすばらしい。

こんな人たちがひとりでもそばにいてくれたら、おめでとう！　あなたは最高にラッキーだ。「朱に交われば赤くなる」という言葉があるように、すてきな人のそばにいて少しずつ自分もそうなっていきたいものだ。

38

信頼関係を築くための「3つの約束ごと」

もし、人から信頼されていないように感じているなら、胸に手を当てて考えてみてほしい。その都度言い訳ばかりしているとか、次の3つのことができていないんじゃないだろうか?

1. 時間を守る

約束ごとの基本は時間だ。たいていの約束ごとには、「いつ」という時間が含まれている。「基本を守れる人」つまり「約束を守れる人」は、信頼を裏切らない人だ。基本が守れない人のことは、いまいち信用できないものだ。

2. 口先だけでなく、行動する

詐欺師とかホラ吹きみたいに口先だけの人間は多いけれど、行動できる本物は少ない。口先だけなのか、実際に動ける人なのか。両者の見分け方は実はとっても簡単。前者は行動する前にやたら口を動かし、後者は行動してみせた後に語る。行動できる人は、口先だけのやつがごちゃごちゃ言っている間に、とっくに動いているものだ。

3. ちょっとした約束ごとも、義理堅く守る

信頼とは、些細(ささい)な約束を守ることから始まる。いきなり「自分は義理堅い。相手も信じてくれるはず」なんて態度で出られても、相手はポカンとするだけで通用しない。「信頼は一夜にしてならず」だ。信頼とは、小さな信用を義理堅く積み重ねることで、徐々に芽生えていくものなのである。

39 ヤバい粘着をやめさせるための4ステップ

苦手を通り越して嫌悪感すら湧きあがるようなやつ。そんな人間はすぐに日常から退場させるべきだ。

1. ブロックして避ける

怖いというより気色悪いから避ける。不快な人間とは何をやっても消耗するので、顔を合わせないのが一番。とにかく最初から直接会うような予定を作らないこと。すべての連絡ルートを遮断して不安のもとを減らそう。

2. 会話の時間はできるだけ短く

オフィスや会合などで仕方なく顔を合わせざるをえない場合、それが許される関係性ならあいさつすらしないことをおすすめする。あいさつを避けられない相手なら、あいさつだけしてほかの雑談は一切しない。会話を避けられない相手の場合は、必要最低限の短い会話のみ。

はっきりとした拒絶の雰囲気をかもし出し、確実に意思表示をしよう。たいていの人間はこれで寄り付かなくなる。

3. 公衆の面前で警告する

相手が付きまとってきたり手を出してきたりした場合は、強い態度で対処しなければならない。できるだけ人の多い場所で、大声で相手の行動を並べ立て「やめろ！」と警告する。公衆の面前で毅然(きぜん)とした態度を取り、自分が甘くないことを見せつけるのだ。こうした人間たちは周りの視線に弱い。

4. 通報する

度を越した犯罪レベルの相手の場合は、ためらうことなく警察や専門の相談窓口に連絡すること。ストーキングなどの嫌がらせをしてくる人間も、国家権力である警察に呼び出されれば行動を抑えざるをえない。

報復を恐れて何もしないよりずっといい。放っておくとどんどんエスカレートして取り返しのつかない事態になりかねない。

40 どん底までついてきてくれた人こそ生涯の宝物

絶対に忘れてはならない人とは、つらいときにそばにいてくれた人だ。つらいときに寄り添ってくれた人には、いつか必ず恩返しをするべきだと思う。

めちゃくちゃミジメでダサいときに手を差し伸べてくれた人だからこそ、一生大切にしたい。どん底の人間のそばで寄り添ってくれる人がいるって、なんて幸福なことなんだろう。

一方、一刻も早く忘れるべきなのはつらいときに逃げていくようなやつだ。つらいときに去って行ったやつへの最高の復讐は、そいつのことは名前すら思い出せないくらいキレイさっぱり忘れて、思いっきり成功してやることだ。もし、成功したキミの前にそいつが現れても、「どちら様でしたっけ……？」のひと言でKOだ。

人生って本当に予測不可能なもの。絶好調でも突然足をすくわれたり、完全に終わったかと思いきや息を吹き返したりの連続だ。そんな山あり谷ありの人生で、忘れてはならない人と、さっさと忘れていい人の差はあまりにも明白だ。

生涯の宝物のように感じられる人が誰なのか――、つらいときにこそよくわかる。

41 人生の参考にすべき人 3つのタイプ

こんな人たちのいい点をひとつずつ学び、人生の参考にしていきたい。

1. コツコツ継続型の人

勉強でも運動でも、始めるのは簡単でも継続となると一気にハードルが上がる。続けられなければ、ダイエットを始めてもリバウンドするし、勉強も身につく前に終わってしまう。だから、毎日コツコツやる人の姿勢は真っ先に見習うべき価値がある。人生は流れゆくものだから、なおさらそう言える。

2. わかち合いの精神の持ち主

社会生活を続けていて気付いたことがある。わかち合いの精神を持った人ほど成功し、独り占めするタイプの人間ほど次第に淘汰されるということだ。ギブアンドテイク。「与える人ほど成功する」という世の道理を知る者と知らざる者の差だ。

3. 言行が一致している人

意外に難しいのが言行一致だ。言ったことと行動に矛盾がない人というのは、意外に少ないもの。彼らを観察すると、そもそもビッグマウスにならないように気を付けているのがわかるし、自分の発言をどう遵守しているのかを学ぶことができる。信頼される人になる方法として参考になるだろう。

42

たとえ侮辱されても
やり返さない

同レベルの人間になり下がりたくないから、僕は失礼な目に遭ってもたいていがまん&スルーするようにしている。カッとなって感情を爆発させたって、結局は相手と同じShit（うんこ）レベル。Shitが落ちていたら誰だって避けるだろう？

いちいち戦うのも脳のムダ遣い。ただでさえ頭の中は考えごとで一杯だというのに、そんなShitなやつのことなんか気にしていたくないから。それに、ケンカになるのも目に見えているのに、わざわざ大事な感情と時間を浪費したくない。むしろそっちのほうが大損失だ。

おまけに、Shitと絡めば絡むほど自分の評判もガタ落ちすることは、肝に銘じておかなければならない。やっぱりどう見ても損するのはこっちだ。だから一瞬だけがまんして、スルーする。

目の前のことしか見えていない連中と違って、僕たちは二手三手先まで見通せるほどクレバー。だからこそそんなやつらとは絡まないように、避けるようにしよう。

失礼なやつっていうのはとことん失礼なので、この先きっと僕たち以外の誰かが、やつらのことを倍返しでボコってくれるはずだ。

「たとえ侮辱されても、やり返そうとするな。
川辺で気長に待てば、やがて敵の死体が流れてくる」
——孫子

43

親しい人とも"ちょっぴり"離れる

お互いの距離が近づきすぎると、気遣いもあいまいになる。気楽な関係であればあるほど、遠慮なく何でもポンポン言ってしまう。ぞんざいな言葉には配慮が足りないから、ついつい相手を傷つける結果になる。

結論ばかり急いで、途中の段取りを省いてしまうことも多い。相手が察してくれるはずと完全に甘えてしまっているやり方だ。やはり人と人というのは、適度な距離があってこそ礼儀もわきまえ、相手のことも尊重するらしい。

近づきすぎると相手へのおかしな依存心も生まれる。相手のことを優先しすぎるあまり、自分を犠牲にするようになるのだ。

つまり依存が過ぎると、それだけ相手に振り回されやすくもなるってことだ。

最終的には、相手に憎（にく）しみの感情を抱くようになる。自分を傷つけ、思い通りにならない相手が憎い。良好だった関係を粉々にしてしまうのは、こうしたいびつな憎しみの感情からだ。憎しみを感じるたびに、自分も相手も不幸になっていく。

人は思っている以上に他人の影響を強く受けるもの。適度な距離が保てないと自分が自分でいられなくなるのは、そういうことだ。

人間関係というのは、ちょっぴり離れているくらいが一番美しいバランスなのかもしれない。だから、どんなに近づきたい相手がいても一定の距離でセーブすべき。それでこそ自分も相手も守ることができる。お互いの関係を長く続けていきたいなら、距離感をとにかく大事にすべきだ。

44
お豆腐メンタルから抜け出せない人

傷つきやすい人には、こんな傾向があるように思う。

1. 四六時中、不安がっている

いつでも不安な人。神経が過敏になっているから、小さいことにもビビってドキドキしている。顔には出さずともいつも胃が痛い。悪いことを考えないように努めているのに、気付いたらぐるぐる考えている。心の傷口から不安が吹き出して止まらない。

2. 過去のつらい記憶と重ねている

現在の状況を、過去の似たような状況と重ねてとらえるクセがある。過去のつらい記憶が反射的にフラッシュバックするので、今がまるきり違う状況であっても、またあのときのようになるのではないかと取り越し苦労をして悩む。

3. 両極端な態度を見せる

愛されたいのに、一方では愛されることをひどく警戒するといった両極端な態度を見せる。心から愛情を求めていながら、少しでも気に食わないことがあると一瞬にして心の扉を閉ざす。感情の振れ幅が大きすぎて本人も傷ついていたりする。ちょうどいいさじ加減がわからないのだ。

ロジカルな判断なんか求めていない
今欲しいのは共感なんだ
論理的な意見は
外でイヤってほど聞かされてきたから
あえて君までジャッジしないで

わかってもらえる？

今の僕に必要なのは、
審判じゃなくて味方なんだってこと

45

「真の味方」を見極める8つの視点

真の味方とは、事あるごとにこちらに合わせて犠牲になってくれる人ではなく、ピンチに直面したときには無理してでも駆けつけてくれる人たちのことだ。あいまいなときはこんなチェックで見分けることができる。

1. 時間を作ってでも会うのか、時間ができたら会うのか
2. お互いの関係に責任を持つのか、自分の好き勝手に振る舞うのか
3. 噛み合わないところも認めるのか、相手を自分に合わせようとしてくるのか
4. ともに未来を描くのか、過去のよかった時期に留まったままか
5. ポジティブな話で励ましてくれるのか、ネガティブな話で元気を奪うのか
6. 出会うとリラックスできるのか、胸騒ぎが止まらないのか

7. そばにいなくても心強く思えるのか、そばにいるのに不安になるのか

8. つらいときにそばにいてくれるのか、つらいのに無視するのか

毎度毎度じゃなくても、こちらへの尊重と配慮を忘れないでいてくれる、そんな人たちこそ真の味方。人生の宝物だ。

46
すべての人にとって いい人である必要はない

誰とでもまんべんなく付き合う必要はない。すべての人にとっていい人である必要もなく、すべての人によくしてあげる必要もない。そもそもちっぽけな一個人がすべての人々を満足させようなんて、どだい無理な話。

無理して納得してもらう必要もない。自分のことを信用してくれる人なら、くどくど説明しなくたって信じてくれるし、たくさんの説明が必要な人は最初からこちらを疑っている。その説明だって言い訳程度にしか受け止めないから、こちらがさらに頑張って具体的な事情や理由を述べても、取って付けたような口実で結局さえぎられるだけ。

陰口を言われたくないからと一人ひとりに気を遣って接していても、なぜか嫉妬されたりしてイヤな思いをすることもある。ひんまがった心の持ち主って一定数いるから、どんなに気を付けたところで誰からも陰口をたたかれないなんてありえないのだ。好き嫌いって極めて感覚的だし、個人の主観だから。特別な理由なんかなくても好きになってくれる人もいれば、逆もいるのが世の理ってワケ。

だからそれほど傷つくこともないし、残念がる必要もない。人間関係って、主観の塊である人間が作るものだから、パーフェクトであるわけがない。

もし人間関係が完璧で合理的だったら、もはやロボット社会だ。認めるのもちょっとさびしいけれど、ちぐはぐで身勝手にふるまう集合体が、人間関係の本質のようだ。そんな関係の中で努力を重ねてきたのなら、あなたは今のままで十分に立派だ。

47 一生付き合える友人の条件

一生付き合える本物の友人とは、こんな人たちなのかもしれないって思う。

1. 用もないのに連絡を取り合う

特別な用事などなくても電話やメッセージのやりとりが負担なく続く。用事のあるときだけ連絡をくれる人とは根本的に違う。

2. 電話一本で気持ちがほぐれる

やたらむしゃくしゃしたり落ち込んだりしているときも、その友人と話せばイライラもムカムカもモヤモヤも収まる。肩の力がふっと抜ける。心からリラックスできる。

3. どうってことない日常もシェアできる

ヤマもオチもないようなどうでもいいことまで話し合えて、それをシェアしていることが楽しい。

4. 笑いのツボが極めて近い

他人が聞いてもどこが面白いのかさっぱりってネタも、その友人となら抱腹絶倒、涙が出るくらい笑い合える。

5. こちらのことを考えてくれている

すべての言動にこちらへの思いやりが感じられる。ときにはキツい苦言も呈してくれて考えさせられるし、しんどいときは話を聞いてくれて、悲しいときやゆううつなときは慰(なぐさ)めてくれる。

人間関係にはたいてい利害が絡んでいる。打算的な関係だらけの世の中にあって、子どもみたいに純粋な関係でいられる友人は人生の宝物だ。彼らとの友情を大切にすれば、それだけで人生がこの上なくハッピーに過ごせるに違いない。

48

真の大人は小学生にも敬語を使う

「あの人、大人だよね」と言われる人たちには、こういう共通点がある。

1. 礼儀正しい

相手が自分より年下に見えても、いきなりタメ口で話しかけたりしない。基本的に礼儀正しく、相手を見下したような態度をとらない。

2. 自ら解決する

自分がすべきことは、人任せにせず自分の力でやり遂げようと最善を尽くす。お金周り、仕事、家族間での問題から、炊事、洗濯、掃除などの日常的なことまで、自分に関わることは責任を持って取り組んでいる。

3．他人の悪口を言わない

自分のことを棚に上げて人の悪口や批評を口にしない。そんなことを言っても天に向かってツバを吐くようなものだとよく知っているからだ。

4．率先して動くことができる

失敗したらどうしようとか、恥ずかしいだとか、余計なことを考えずさっと動けるフットワークのよさ。提案でも謝罪でも人助けでも、率先して行える人だ。

5．執着しない

手に入らないものにこだわらない。受け入れてもらえない異性に対しても執着しない。人ともモノとも運とも、縁は思い通りになるものじゃないと知っている。

6．気持ちが安定している

感情の起伏が穏やかで落ち着いている。その秘密は、執着を捨てていることと、淡々とした心構えにある。

彼らみたいに、スッと一本芯が通って内面が満たされているような人は、そこにいるだけで安心できて信頼感がある。心から頼れる存在だ。

49 パワハラ上司は「人生の脇役」だと考える

自分の虫の居所が悪いだけなのに、職場の部下や同僚に当たるような人間。そんなやつらのせいで日に何度も会社を辞めたくなる。元凶が身近なところにいるから、もう、ストレスを受けすぎて爆発しそう。

しかし、人は簡単には変われない。変われないからこそ、人のイヤがることをするようなやつらはいつか大ヘマをこいて、厳しい上司にでもガツンとやられて自滅するはずだ。

しかし、それはまだずっと先のことだろうから、今は自分で自分を守らなければならない。それにはまず自分の考え方を改めるところからだ。

まず、連中とは「基本的に会社でしか会わない」ということを再認識する。そして、イメージする。彼らには「脇役＝通りすがりの変人」くらいの役を与えよう。今後、会社で変人から言いがかりをつけられるたびに、「へぇ〜」「で？」と心の中で繰り返して受け流す。

やつらのことを脇役のように思い込むことは、メンタルを守るのに実質的な効果があり、確実に役に立つ。考えてみれば自分の人生にとって別に貴重な人間でも何でもない。そんな脇役レベルのやつらを、大事な自分の人生にしょっちゅう登場させてやる理由なんかないから。

50 何よりも自分を大切にする

いつでもさびしさを感じている人へ。思い当たるふしはないだろうか？

1. 習慣的にスマホを見ている

スマホがないと不安になるため一日中手放すことができない。依存症予備軍だ。

2. やたら涙もろい

ほんの少しでも悲しかったり感動的だったりする映像や文章などにふれると、即座に涙腺が崩壊する。大したことのない出来事にも涙ぐむ。

3. 極度の寒がり

正確には冷えている感覚を体が嫌っている。ひとりきりのときは布団の中が大好きで、人と一緒のときはスキンシップが大好き。無意識のうちにぬくもりを求めている。

4. 人前では明るく振る舞っているのに、ひとりになると急に落ち込む

人前ではくったくなく明るく振る舞えるので、周りの人にも本心を気付かれない。特に何の問題もない人だと思われがちだが、実際はそうじゃない。

5. 別れたときのことを考える

人と会っている最中でも、別れの時間が近づくとゆううつになる。ひとりで残されるのが耐えられないから。別れの哀しみを恐れすぎて恋愛にも奥手だ。

さびしさを知っている人は他人のさびしさに深く共感する。他人のさびしさも自分ごとのように思えるから世話を焼こうとする。しかしそのときも、本人のさびしさは顧(かえり)みないままだ。

他人の世話を焼くように、まずは自分に世話を焼いてあげて。自分自身を大切にしよう。そうすることでそのさびしさは和らいでいく。

走馬灯のラストシーンは

「母さん。今の母さんの姿さ、きっと僕が死ぬ間際に思い出すよ」

「へぇ？　何だい、それ」

台所の片隅に立ち、食事の支度に忙しい母。息子の突拍子もない言葉にちらりと振り返って笑い、再び手元に集中する。

トン、トン、トン。

まな板の上で包丁が音を立てる。台所いっぱいに広がる、ぐつぐつ煮え立つ鍋からの香り。香ばしくスパイシーな香りが食欲を刺激する。ああ、おなかが悲鳴を上げそうだ。

白いテーブルに座って食事が出されるのを待っていたスルは、台所に立つ母の背中をじっと見つめた。幼い頃から見慣れている、いつもと変わらない日常の風景。それなのになぜだろう、今日に限っておぼろげに感じられるのは。なんだかもう二度と見ることのできない遠い風景を見ているような気持ちになる。

今すぐじゃなくてもいつかはきっとそうなるだろう。いや、だろうじゃなくて、絶対そうなる。永遠ってないから。急にさびしくなった。永遠がないことぐらい承知しているが、母の背中を見つめる時間も同じなのか……。

自分をこの世に生み落とし、食べさせ、着させ、導き、守ってきてくれた人を見送らなくてはならない。この事実を受け止めざるを得ない日がいつか必ず訪れる。これぱかりは逆らうことのできない自然の理だ。

スルは生まれつき押し付けられることが大嫌いだった。反抗心が強かったせいか、束縛や強要には必ず反発し、相手が何であろうと逆らえないことには嫌悪感を抱いた。それくらい嫌いだったのだ。

考えてみれば、生あるものが老いて滅する、というのも強引じゃないか。その上、死に対しては抗えないと決まっている。

人は歳月とともに体のあちこちが故障して機能を果たせなくなっていく。現代ではそれを病気とも呼ぶ。

スルの母はすでにひざを壊していて、大きな手術を受けたものの走ることはできない。リウマチによる手指の痛みは皿洗いも苦労するほどだ。ヘルニアも患って、腰が痛くて夜中に何度も目が覚めるとも言っていた。

スルは母の故障に抗おうとした。治療費をかき集め、食洗器とマッサージチェアも一番いいものを選んでプレゼントした。

そんなのはただの自己満足なのだろうか。スルはすでに今この瞬間にもさびしさをつのらせていた。

母はまだ目の前にいるのに、この気持ちは何だろう。さびしくて、さびしくて、自分でもよくわからないまま、あふれ出す感情を止められなかった。

それでも、今すぐできることはやろうと思った。スルは椅子から立ち上がると、料理をしている母に歩み寄り、後ろからぎゅっと抱きしめた。

いつか、僕が死ぬとき――

きっとこのシーンを思い出すのだろう。

第3部
落ち込んだ心を立て直すメンテナンス習慣

51

誰かの犠牲になるあなたは美しい

自分ひとり生きるのもやっとなのに、ほかの誰かのことまで背負わなければならないときがある。なんとか食いつないでいる中で家族が病に倒れたときや、自分もいっぱいいっぱいなのに、そばにいる大切な人が自分以上に苦しんでいるときなどだ。

そんなときは、ごちゃごちゃ考えているヒマなんかない。大切な人を守ることだけを考えて気持ちが張り詰める。例えるなら、限界まで引っ張られたゴムひもの上に重い荷物や石が積まれていくようなイメージ。

それでも奥歯を噛みしめて耐える。大切な人を失うよりもずっとマシだから。そうなるくらいなら自分が犠牲になるほうがずっといいと考えているから。

奇跡って空を飛んだり海を分けたりすることじゃない。こうやって犠牲を買って出ているその心こそが奇跡だ。

もしそんな境遇にいるのなら、どうか忘れないでいてほしい。あなた自身が、その手で奇跡を起こす人であることを。誰よりも美しい人であることを。

あなたが身を粉にして守り抜いてきた、すべての瞬間に価値がある。奇跡のように美しい価値を、あなたはあなた自身の手で作り出している。

見渡す限り、漠（ばく）とした景色が広がるだけ
踏み出す一歩が怖くてたまらない

——大丈夫。僕が前を行くから、ついてきて

危険なことには変わりないのに
怖いことにも変わりはないのに
先頭に立って、前へ進む

ただ、親であるという理由だけで

52

弱ったときほど自分をほめる

なぜかやたら胸がザワザワするときがある。なぜなのかは自分でも正確に把握できない。わからないから人にも説明できない。ただ頭が重くて、体もだるい。

毎晩寝付きが悪く、眠れたとしてもぐっすり眠れない。昼間はゆううつな感じが抜けなくて、いつもならスルーできるような言葉も引っかかり、ネガティブな考えがぐるぐると渦巻く。いつもならひとっ飛びできる小さな水たまりにもハマってもがく。まるで深い海に落ちたみたいに……。

ちょっとしたことでも涙が出て、自分でも抑えきれずにさめざめと泣く。感情が不安定で過敏になっている。そんな自分の弱さにも腹が立ってくる。

いや、弱くない。人間だから。人間だからそんなときがあるものなんだ。

感情の波は人それぞれだし、ホルモンの影響や環境の変化、気候によってもアップダウンを繰り返すもの。自分が思う以上に感情は揺れ動くもので、その振れ幅もずっと大きい。

生きていく上で、気分はこうしたさまざまな影響を受けているってことを知っておきたい。そんな自分の気分と付き合いながら、ここまでよくやって来られた。今日一日を生き延びたという事実だけでも賞賛に値する。あなたは十分、頑張っている。

53

安全圏から石を投げてくる人にはかまうな

自分がミスして嫌われるのは理解できる。悪いのはこちらだから仕方ない。しかしときには、何の非がなくても嫌悪感をむき出しにしてくる連中がいるから理解に苦しむ。

理由を考えても、ただ何かが気に障るとか目障りだって程度で、そいつの勝手な妄想と解釈がベースになっているだけ。感情をぶつけられる側としてはいい迷惑でしかない。

有名人がいわれのない誹謗中傷を浴びたりするのもこれと同じような構図だ。そういう卑怯(ひきょう)なやつって案外身近なところにもいる。直接言うことができないから、安全圏から陰口をたたくのだ。

本気で理解できないけれど、身近にいるとうっとうしいし、つらい。相手がひとりだけならまだマシだけど、人数が増すほど本当に自分が悪いんじゃないかと思い込むようになる。そのうち自分を責めてしまい、どうにか改めようともがく。

でも、違うから。それはこちらのせいじゃない。**何も悪くない人に対して、嫌悪感をむき出しにしてくる人間っていうのは、もうそいつ自身の問題だ。**性格がひねくれているか、視野が歪(ゆが)んでいるか、モラルが欠如しているか、そもそも良心のカケラもないか。拡大解釈が習慣になっていて、勝手に決めつけているだけのこともある。

そんなケースなら、悪いのは完全に向こうだ。そんなやつのことで自分を責めたりする理由なんてどこにもない。

54
論破するより、だまされてあげる

わかっていながら、だまされてあげる。相手がごちゃごちゃ言い訳をしているとき、それがウソだと見抜けてもあえて見過ごす。その人との関係が大切だから。いちいち「ウソつくな」なんて言って話をこじらせたくないから。

みえみえのウソでもスルーする。相手が大切な人だから。真実なのかウソなのか、いちいち問い詰めることはここでは賢明じゃないと判断する。

ときには、口論になるのがイヤであえて見過ごす場合もあるだろう。相手の言い訳のアラを攻撃することもできるけれど、そうなると向こうは恥ずかしくなって、さらに自分の意見を押し通そうとしてくる。自ずと言葉が荒くなり、ただの口論からメンタルにまで影響する争いへと発展していく。もはや単なる消耗戦、残るものなんて何もない。

特に、相手が今後もずっと付き合っていく人である場合はよく考えよう。**相手を論破してほんの一瞬の快感を得るなんて行動は、目先のことしか見えていない人間のやることだ。疲れるのは自分のほうで、ケンカしてイヤな気持ちのまま一日を過ごすことになるのなら、ちょっとくらいがまんして目をつぶってやるほうがマシだ。**

これは賢明な対処法に違いなく、おおむね正しい。ただし、何度も見逃してやってはダメ。相手が味をしめて調子に乗るようなら口論になっても致し方なし。きちんと指摘し、意見を戦わせることも必要だ。

55 「過度な期待」をやめる

何ごとも、期待しすぎないに限る。期待が大きくなればなるほど、ダメだったときの失望も大きくなるから。失望は何度したって構わないものだけれど、その度合いがあまりにもデカすぎると、とんでもないダメージになりかねない。場合によっては日常生活に支障をきたすほどのショックを招き、いつまでも人を落ち込ませる。何週間も落ち込んだままなら、それこそ人生に悪影響だ。

大きな期待をするのは、仕事や成果に対してだけでなく人間関係に対する場合もある。特定の人に限らず、恋愛や友情に対しても、過度に期待することがクセになっている人は注意したほうがいい。

過度な期待を手放せば、相手にどんな反応や態度を取られても動じないでいられるから。

このことは、お互いの関係のバランスを自分側に持ってくるためにもいい方法だ。**期待しすぎないくらいのスタンスでいれば、相手の一挙手一投足に振り回されることもなくなるもの。**

人間は本能的に期待してしまう生き物で、自分のしたことにはそれ相応の見返りを期待する。その見返りとは、相手の反応や態度からも得られている。そんなことがあらかじめわかっていれば、気分もコントロールできるはず。自分が冷静でいられるための、ひとつの防衛手段として。

56 「自分なら大丈夫」と思ってあげる

「大丈夫なふりをしている自分」と、「大丈夫じゃない自分」がいる。どちらも同じ自分だけれど、正直、大丈夫じゃないほうの自分が本物だ。本当は全然大丈夫じゃないのに、いつだって平気なふりを強いられているから二重人格者みたいになっている。

だけど、この2つの姿以外にも、実はもうひとりの自分が存在している。「大丈夫であってほしいと願っている自分」だ。自分が落ち込んで大丈夫じゃないときに、誰よりも無事を願っているのがほかでもない自分自身だ。この事実を忘れてはいけない。

ダメなときって自分で自分をダメにしている場合が多い。誰かのせいで落ち込んだとしても、それは自分では防ぎようがなかったこと。なぜなら外的要因だから。問題は、それによってほかの部分まで自ら台無しにしてしまうことのほうだ。

ひとつがダメになったからと投げやりになってすべてを台無しにする。

何かひとつが思い通りにいかなかったからって、どうにでもなれと全部を放り出す。

大切な自分に対してそんな態度はないんじゃないか？「大丈夫であってほしい」って心から願っている自分の存在を思い出せ。

自分は大丈夫だと、大丈夫なはずだと、大丈夫であってほしいと、誰よりも願っているのは自分自身。自分で自分をあきらめたりしたら絶対にダメだ。

自分は自分のことを、高め、大切にして、愛する義務がある。

57

「他人の意見」を真に受けすぎない

自分のことはいつだって自分が決める。イエスであれノーであれ、それが自分の選択だ。しかし、ときには他人の否定的な言葉に影響されたりもする。それが自分と真逆の意見だったら、なおさら不安で揺らいでしまうことは誰にでもある。

よくないことを言われれば普通に落ち込むし、自分自身を否定して苦しんだりする。でも他人の意見はあくまで他人のもの。それが家族であれ友人であれ、職場の同僚のものであれ、自分の意見に取り入れなきゃダメってことはない。人は環境の影響を受ける生き物だから、ときに他人の意見を自分の意見とすり替えがちだ。しかし、この点はきちんと把握して考えるべきだ。

相手がどれくらいこちらのことを考えてくれているか知らないが、他人ごとだからこそ「間違っている」とか「いまいち」「ヘンだ」などと言えるもの。だから、よっぽどのこと（社会のルールや道徳に反するとか、良心がとがめる、他人に害を加えるなど）がない限り、他人の言葉はやはりただの意見だ。

他人の意見は参考にするものであって、それ自体に決定権があるわけではない。自分の意思は自分の思い通りに決めるもの。だから他人の意見は、「ふ～ん、なるほど。そんな考え方もあるんだな」ってくらいに聞いておくのがいい。

いつだって、何だって、自分の好きなように決めていい。
心から望むことなら、それがいつだって正しいから。

「木を見て森を見ず」の言葉通り
森を見るということは
木々の一本一本を見るのではなく森全体を見ることだ

キミの元気な姿も　落ち込んだ姿も
思いやりも　勝気さも
やさしい心も　意地悪な心も
ひとつひとつ　見てきたけれど

いつだって　キミは　キミだ

僕はそんなキミが好き
僕はキミの森を照らす小さなホタルだ

58

「あなたのためを思って」の意味をはき違えない

心から思いやる誰かのためにすべきことは、その人を輝かせることじゃない。その人の輝きが消えないように見守ることだ。

大切に思うばかりに、その人に輝いてほしいと望む。そばで見守っているその人のまぶしい姿が見たくて。大切な人に今よりもっと成功してほしいと願うのはごく自然なことだ。

しかし、それが単に自分のわがままであるってこともわきまえておかなければならない。さもないと、相手のための応援のつもりが、エスカレートして過干渉となりかねない。

あなたにはこんな服が似合う、週にこのくらいは運動すべき、食事はこれがいい、考え方はこうあるべき、生き方は……。愛のあるアドバイスに始まって、だんだんと指示が増えていく。相手を輝かせたくて放った言葉が、むしろ相手にとってプレッシャーとなっていく。

その人のことを思うなら、積極的に動くべきなのは相手の自尊心が揺らいでいるときや、手助けが必要なときだ。

そうは言っても、実際どこまでが相手を思う気持ちで、どこからが自己満足なのかの判断は難しいもの。だからこそいつでも気を付けたいのは、「この気持ちが、本当に相手のためのものなのかどうか」だ。

59

いつだって、なりたい自分になれる

人は、自分で自分を救うことが可能だ。救われるのに、必ずしも他人の手を借りる必要はない。他人はきっかけをくれるだけ。ほんの小さなきっかけさえあれば、自分自身を救うことは誰にでもできるのだ。

例えば、尊敬する人の言葉に背中を押されたときや、共感できる本やテキストを読んだとき。オリンピックで健闘する選手の気迫に感銘を受けたときや、映画の主人公がピンチを切り抜ける姿にインスピレーションを得たときなど。こんなきっかけからも一日の過ごし方が変わったり、生き方が変わったりするのだ。自分で自分を救うというのはこういうことだ。

これができるのも、自分の中に自分を変える力があるからにほかならない。外的な要因や環境はあくまできっかけに過ぎないのだ。

自尊心が底をついたときは何をやっても無理なように思える。それでも刺激を受けて行動するうちに、自分の中に眠っていた力がじわじわとにじみ出てくる。自分にはそんな力はないと思っているかもしれないけれど、この力は、実は誰でも持っているもの。その気になれば人はいつでも変わることができる。

ここで重要なことは、自分で自分の内なる力を信じることだ。その信頼が、内なる力の強力な源泉となる。置かれた環境がよくないからとか、自分はダメだと思ってばかりの人は、このことを忘れないでほしい。自分がそうなりたいと願うなら、いつだって自分自身を救い出せる。それは誰にも止められない。

思いのままに行動できる。
思いのままに生きられる。

60 「悪意のブーメラン」に気を付ける

人を傷つけてばかりの人は後で必ずデカいしっぺ返しが来る。人を苦しめる言動はブーメランのようなもので、どんなかたちであれ必ず返ってくるものだ。

陰口やよくないうわさ、SNSでのひどいコメントといった間接的なかたちで返ってくることもあれば、直接的に仕返しされることもあり得る。深く傷つけられた相手が恨みから報復するというケースが少なくないからだ。

もし百歩譲ってその相手がとても広い心の持ち主で復讐を考えなかったとしても、傷つけた側の人間は必ず別のどこかで痛い目を見るものだ。こういう輩は、似たような人間を運命みたいに引き寄せる。そして、いつかギャフンと言わされる。その相手とは、職場の上司とかビジネスパートナー、友人とか恋人である可能性もある。とにかく、本人よりもひどい相手に出会って深く傷つけられるだろう。

そのときになってようやく、これまで自分がほかの人たちにしてきたことの罪深さについて悟るはず。人を傷つける人間はひどく自己中心的で他人に関心がないため、自分が相手を傷つけているなんて考えてもいないのだ。

周りの人のことをやすやすと傷つけてきて、一生無傷でいられるはずがない。いつか自分の心にも大きな杭を打ち込まれるときが来るということを覚えておいてほしい。

61 「言葉」を並べるより「小さな行動」を積み重ねる

言葉を並べ立てるよりも、気持ちが大切だなって思う。言葉足らずでも気持ちが伝わってくる人があなたの身近にもいるはずだ。口に出さなくても、行動の端々に好意がにじみ出ているとか、丁寧な態度の中に思慮深さがあるとか。礼儀正しい態度からお互いの関係を尊重していることがわかるとか。

何より、間(ま)が絶妙なのが心地いい。「急じゃないかな」「こんなこと言うと驚かれるかな」「プレッシャーにならないかな」……その間から感じられる繊細な気遣いがありがたい。見過ごされがちなことや、こちらが何気なく言った言葉を覚えていて理解してくれている姿は神の域だ。

言葉に頼らずとも気持ちが伝わる態度には、真実の重さがある。こうした小さな態度の積み重ねが相手の心に響くもの。先に行動を見せれば、その後の言葉にも説得力が生まれるものだ。

好意を寄せている相手に対し、いきなり「好きだ、愛してる」なんて言っても伝わらないのは、自分の心が伝わるような態度を見せてこなかったからだ。急に聞かされた相手は戸惑うしかない。「好きだ」という言葉より先に、好意が感じられるように行動すべきだ。焦らず、心を込めて。

62

縁を切るなら、とことん離れる

キレイさっぱり別れることにした――。あまりにも冷静で冷たいやつだと思われるかもしれない。血も涙もない人間だと恨まれるかもしれない。急に手のひらを返されたようで相手は傷つくかもしれない。

だけどこちらだって数えきれないほどの迷いを断ち切って決心したのだ。一度は心が通い合った人に対して背を向けるなんて、生半可な気持ちじゃできないから。

同じ過ち、思いやりのない態度――。繰り返されるたびに何度もがっかりさせられてきた。本当は違うと信じ、今度こそ変わってくれると期待し、ずっとがまんし続けた。

じっと待って、サインを送り、話し合った。本音を打ち明け、誓い合ったこともあった。それでも変わることはなかった。チャンスはいくらでもあったのに。

少しはマシになったかなと思っても、すぐに元通りになった。そのたびに傷ついてきたのは自分のほうだった。だから冷たいと思われても断ち切るしかなかった。自分を守るために。そして、自分のせいでつらい思いをしている周りの人たちのためにも。

ただ縁を切るだけじゃダメ。相手に関するすべてを削除し、ブロックしなければならない。それでようやく相手のために傷つかずに済むようになるから。

63

「好き」も「嫌い」も言葉に表す

きちんと自己表現ができる人が好きだ。付き合うなら気持ちや考えをこまめに表現する人に限るし、こちらも相手にそうすべきだと思う。人間関係でもっとも重要なのがコミュニケーションだからだ。

育ってきた環境も感性も人それぞれだから、考え方が１００％一致する人なんていないもの。どんなに気の合う相手とだって当然ズレは生じる。

そんなときの最適解がコミュニケーションだ。たいていのズレは意思疎通を行うことで調整していける。それなのに、これほど重要なコミュニケーションが近い間柄であるほどおざなりにされがちな傾向にある。

あえて語らずともわかってくれていると思ったり、説明や同意を求める過程をすっ飛ばしたり。**自分の気持ちを伝えることを省略したり、丁寧に行わずして関係を保とうなんてとても身勝手なことだ。**

よい人間関係とはどちらかが一方的に奉仕するようなものではない。最小限の道理すら守らずに関係が維持できるなんて考えてはいけない。

意思の疎通を大切にしよう。コミュニケーションの手間を省くほどに、気持ちも離れていくのだから。人間関係にコミュニケーションという水を与えてこそ、信頼も芽ばえて大きく育つということを忘れずに。

64

「返してくれる人」に尽くす

相手に尽くせば尽くした分だけ、傷つくときはダメージも深くなる。だからこそ人に親切にするときは見返りなんか期待しないに限る。だけどそれって結構難しい。なぜなら、人間には見返りを求める心理が本能的に備わっているからだ。

これから話すのは心だけの話じゃなくて、ヒトの脳にそういう報酬系の回路が存在しているって話。

ヒトの脳には、腹側被蓋野（ふくそくひがいや）を起点に、側坐核（そくざかく）、前頭前皮質（ぜんとうぜんひしつ）にいたる報酬系回路の重要部位がある。このことは、ヒトが生物学的にも報酬、つまり何らかの見返りを求める生き物であることを物語っている。

見返りはどんなものだって構わない。自分が相手に対して何かしてあげたうち、半分でも返そうという誠意が相手から感じ取れれば十分満足できる。しかし、こうした誠意すら見せない相手に対しては、違和感だけが募っていく。

相手がそんな態度では、こちらはがっかりするだけでなく傷つきもする。生物学的に見ても報酬系回路に逆らっているようなものだから、当然、苦しく、つらくなる。

結局、脳のためを思うと、きちんと返してくれる人に対してだけ尽くしたほうがストレスが少ないのだ。返してくれる人は、誰に言われずとも相手に報いようと動くもの。このことは、相手が誠意ある人間か否かを見極められる、ひとつのわかりやすい基準でもある。

時間はただ年を取らせただけだろうか？
いいや、時間は僕を育ててくれた
僕がどんな人間なのかを知らせ
愛を教え
人のあたたかさに気付かせてくれた

だから振り返ることができる
だから懐かしむこともできる

過ぎた時間をまぶしいと懐かしむあなた
今この時だって
ずっと先ではそんな瞬間になるはず

だからどうか忘れないで
いつの時も、あなたはまぶしいことを

65

好きなことには無理にでも時間を割く

好きなことには誠心誠意、全力を尽くすべきだと思う。いつでもどこでもそうありたいものだけれど、それはあくまでも理想論。現実的にそれが難しいってことを、日々の生活の中で突き付けられる。

やりたいこととやるべきことが同時多発的に生まれても、人の体力と精神力には限界がある。だからこそ、少なくとも好きなことにだけは最善を尽くしたい。

好きな人、好きなこと、好きな趣味。自分にとって譲(ゆず)れない「好き」に対しては、手を抜かずに真心を注いでいく。

どんな人にもなまけ心がある。繰り返される日常は退屈で、やるべきことは面倒だしダルい。そう思うのはごく自然なことで何とかうまく手を抜けないかと考え始める。これがマズイ。こういう態度が常態化すると、好きなことにも悪影響を及ぼす。

心から好きだったはずなのに、時が経つにつれ、冷めてうやむやになってしまうのもこれが原因。思い返してみると、僕が後悔してきたことのほとんどが、好きなことを中途半端にしたときだった。

だから後悔しないように、好きだと思うことにはとことん気持ちを注ごう。あれもこれもと散漫になってぼんやりとした人生を送るより、選んだことにはきちんと誠意を込めて、メリハリのある人生を送るほうがずっといい。

66
「真」の大人として「芯」を通す

人は、生きている時間を増やしていくだけでは大人にはなれない。なのに、中身はまるで成熟していない「見かけだけの大人」たちに、実によく遭遇する。相手より長く生きているというだけで横柄に振る舞ったり、普段からインモラルな日常を送っているくせして子どもたちにはモラルを諭（さと）したり。

考えてみれば、「真」の大人ってどうすればなれるのだろう？　それを知るには、周りから尊敬されている大人たちを観察するに限る。彼らには共通点がある。

彼らは「芯」の通った生き方をしている。人は、自分が決めた道をしっかり歩んで、初めて「真」の大人になるようだ。

それには単なる言葉や誓いに留まらず、きちんと行動が伴っていることが大切だ。正しく実践する姿勢がそのまま「芯の通った生き方」になる。「カッコいい大人になりたい」「いつも堂々と行動する」と声高に叫んでも、生き方が卑屈だと卑屈な大人にしかなれないものだ。

卑屈な姿とは、子どもの頃に、「あんな大人にだけはなりたくない」と眉をひそめて見ていた大人の姿だ。そんな大人になるなんて、イヤだろう？

今からでも遅くない。自分が決めた道は何だったのか、理想どおりに生きているのか、口先だけで終わっていないか、一刻も早くチェックするべきだ。

67 人からの「好き」に甘えない

「好き」という言葉は、「好きにしていい」という言葉と同義語ではない。それでも、好きと言ってくれる相手をいい加減に扱う人たちも少なくない。彼らの態度はフランクを超えて無神経の域だ。フランクなのと雑なのは、全くの別モノだ。

フランクな態度には、ざっくばらんな中にも相手へのリスペクトや思いやりが必ず根底にあるものだ。対して、雑な態度とは、ただひたすら本人の好きなように振る舞っているだけ。

愛情でも友情でも、好きの度合いが互いに同レベルなら問題ないけれど、たいていはどちらか一方が相手よりもっと「好き」なわけで。だからどうしても「好き」の度合いが弱いほうの人は、「好き」がより強いほうの人の愛情表現に慣れっこになる傾向にある。それが当たり前だと思うほど、相手のことを雑に扱い出す。そのうち、相手の「好き」という感情を利用するようにもなる。そんな無礼でゲスなことはない。

心からお互いのことを好きでいられる関係なんて、簡単に経験できるものじゃない。それくらい貴重な気持ちなのだから、ありがたく思い大切にすべきだ。

「好き」という気持ちは、好きな人に対して惜しみなくあげたいもの。そんな真心につけ込むなんて、決してあってはならないのだ。

68

いつもの「当たり前」から自分をほめてあげる

毎日、もっと感謝して、ほめてやるべきだ。誰をって？　もちろん自分をだ。みんな自分のアラ探しは超得意なのに、いいところを見つけるのはなぜ苦手なんだろう。他人にはしょっちゅう感謝の気持ちを表しているのに、自分に対してできないのはどうしてなんだろう。

ナルシシズムや自己満足はイタ過ぎるって、必要以上に警戒しているんだろうか？

「自分に感謝すること」や「自分をほめてあげること」は自画自賛やうぬぼれではない。日常の小さなことからでも自分を慈（いつく）しみ、ねぎらわなくては。

例えば、ご飯を食べ過ぎてしまったとき。カロリーオーバーしたと自分を責める人は多いけれど、おいしくご飯を食べられた自分をほめる人は珍しい。だけどそれが子どもの話だったりすると、「ご飯をたくさん食べてえらいね～」なんてほめてあげたりするだろう？

「ごく潰し」なんて自虐ネタで言ったりするけれど、食事にありつけていることに感謝する人は少ない。僕らの社会では、砂漠とか山中とかのよっぽどの場所で飢餓状態にでもならない限り、食事にありつけている今の境遇への感謝を忘れがちなのかもしれない。

こんな感じで、自分をほめて感謝することは探せばいくらでもある。見ること、呼吸すること、言葉を発すること、健康であること、大切な人がいること……。

小さいことにも感謝し、自分をほめてあげよう。

そのことが人生の満足度を高め、さらに大きな幸せを呼び込んでくれるから。

69

「劣等感」を味方につける

人と比べることがやめられないのなら、いっそそれを利用してしまえばいい。他人へのねたみや劣等感を感じたことがない人なんていないだろう。相手のことがうらやましくて、嫌悪感やコンプレックスを抱く。その相手が直接自分と関係あろうがなかろうがよくある話だ。

例えば、一般人なのにメディアに出ていい家に住んで高級車に乗っている人だとか、ブランド品をじゃらじゃらさせている画像をＳＮＳにアップしている知人だとか。気にしなければいいんだけれど、妙に気に障るし、やたらうらやましく思えてしまう。

ときにはうらやましすぎて腹わたが煮えくり返りそうなこともある。そんなときは、表向きは涼しい顔をしながら、腹の中では、「そもそもあいつは親ガチャの勝者、自分とは別世界の人間だ」などと言い聞かせ、全力で自分を慰(なぐさ)めにかかる。これもすべて、無意識のうちに他人と比較することで生まれる劣等感によるものだ。本能に近い行動なので、比較をやめることはなかなか難しい。

ならばいっそ、その感情に無理やりフタをするんじゃなくて、こんなふうに発想を転換させて上手に利用するのはどうだろう？

「あいつにもできたんだから、自分にもできないことはないはず」
「私のほうがもっとカッコよくなればいい」

劣等感の生み出すエネルギーは強大だ。この気持ちを利用して、自分自身を鼓舞し、成長する原動力とすればいい。相手と比べて自分のダメさ加減に落ち込むことが、意外にも次の飛躍のための最高のジャンプ台にもなるのだ。

70

人間関係における「最低限のマナー」を守る

一度枯(か)れてしまった心のリカバリーはやっかいだ。花だって、しおれただけなら水をやれば元気になるけれど、完全に枯れてしまったなら、どんなに手を施しても復活は難しい。

心も同じだ。離れてしまった心にいくら訴えかけても元通りにならない。そのときになって愛情を示しても、言葉遣いに気を付けても、連絡をマメにしても時すでに遅しだ。

どんなに過去のよかったときを引き合いに出しても、単なるまぶしかった思い出に過ぎない。人の心とはそれほどまでに繊細なもの。だから、できるときに誠実であるべきなのだ。何もやたらめったらに尽くせって意味じゃない。ちょっと気に掛けてあげるだけでいい。

相手の心を枯れさせてしまうのは、その〝ちょっと〟さえできなかったときだ。そのくせ、自分のことを棚に上げて「あいつとは付き合いにくい」と言い訳したりする。こういうのは付き合いにくいんじゃなく、言った本人が人間関係をあまりに軽々しく考えて生きてきた結果だ。

どうして自分ひとりだけが楽をしようとして、人付き合いをめんどくさがるのか。自分は何もしないくせに相手が気を遣ってくれることを望むなんて、単なるわがままにすぎない。

相手にイヤな思いをさせないためには、自分が引くべきときもそれなりにある。人間関係の最低限のマナーも守れないようじゃ、永遠のひとりぼっち確定じゃないか？

71 「即レス」を習慣にする

人付き合いにおける「いい人」っていうのは、特別に優れた人のことじゃない。ゴージャスなイベントを開催してくれる人でもない。ただ、相手のことを考えられる人のことだ。

例えば、SNSを見るときには真っ先に相手のメッセージに返信する。動画でも見て時間を潰そうかなというヒマな時間にも、まずは相手にメッセージを送ることから、趣味やゲームを始める前にも相手のことを考えられる人。

しばらく連絡ができそうになければ自分から先にひと言断りを入れておく。急用で連絡できなかったときは真っ先に詫びを入れる。一緒に出掛けるときの行き先や食事のメニューは相手に相談する、などなど……。

ちょっとした気配りをするだけで十分だ。**行動を制限しているのではなく、行動するるときには相手に配慮しようという意味だ。優先順位がほかのことよりも先なのが、何よりも尊重しているという証拠だから。**

こういうことができる人こそが「いい人」だ。裏を返せば、それができない人との関係を長続きさせるのは無理。相手を尊重する気持ちと気配りがない関係は、一方的な犠牲を強いるだけ。ストレスを生むしかない。

72 ピンチのときほど真価が問われる

「なぜ自分にだけこんなことが起こるんだろう」「なぜ事前に気付けなかったんだろう」「なにひとつまともにできていない」「あのとき、ああしていれば」など……。こうした自己否定や後悔の類はさっさと断ち切ろう。何の得にもならない。

思い悩むことはない。深刻に考えれば解決できる類のものじゃないから。ならばいっそ気持ちは楽に構えつつ、腹さえくくっておけばいい。それでこそ怖さも和らぐし、状況も少しはマシに思える。

覆水盆に返らず。過去に戻ることなど物理的に不可能だから、今できることを見つけるほうが先決だ。じっくり落ち着いて考えてみよう。

今の状況でできることを探して実践に移してみる。心を落ち着かせ、ひとつずつやっていけばいい。そのときにできるベストを尽くすっていうのは、そういうこと。

やらかして後悔する、マズイことが起こる、根拠のない不安に取りつかれる……。生きていれば誰でも経験することだ。それを次に生かせる人と生かせない人がいる。

その差はピンチのときの対処法にある。自分を責めて後悔しながら漠然と時間をムダにする人と、その時間にできることを見つけてベストを尽くす人。僕らが選ぶべきなのは当然、後者のほうだ。

73
「あまのじゃくな本心」に気付いてくれる人を大切に

自分でも自分が理解できないときってあると思う。

1. 会いたいのに会いたくない

心の底から会いたくてたまらないのに、いざその人に会えるかもしれないとなると途端に萎える。会いたい気持ちはウソじゃないけれど、直接会うとか絶対無理。幸せだったあの頃の僕らじゃないから。あの頃とは、あまりにも変わりすぎてしまっているから。

2. ひとりが楽だけど、さびしいのは嫌い

恋愛マニュアルはプライドが許さない。付き合っても相手に気を遣わなきゃならないし、興ざめした後の気まずさとか自己嫌悪もダルい。だったらいっそひとりでいるほうが気が楽だけれど、一方では孤独に押しつぶされそうなくらい、ひとり身がさびしくてつらい。

3．悩みごとがあるけれど、相談したくない

深刻な悩みごとを抱えているのに、弱みを見せるようで相談できない。悩みを口に出せばミジメなだけだし、解決につながらないってわかっているから。悩みごとを抱える自分はいても、悩みごとを相談する自分なんかマジでありえない。

4．苦しさを気付かれたくないけれど、察してほしい

吐きそうなほど苦しいけど、周りから同情されたりするのは避けたい。いちいち説明して気の毒がられるのもめんどくさい。とは言え、心のどこかでは、自分の苦しみを誰かに察してもらいたい気持ちが結構ある。

本心とは裏腹の複雑な気分って、意外にしょっちゅう訪れる。だからこそ、語らずともこちらの様子に気付いてくれる人の存在が心からありがたい。

74
なんで「大丈夫」って言ってしまうのだろう？

なぜ僕らはがまんできないほど苦しいのに「大丈夫」と言ってしまうのだろう。

負担を掛けたくないし、苦しいのは相手も同じだろうから「大丈夫」と言った。自分のことでさらにつらい思いをさせることも避けたい。だから必死で平気なふりをする。

倒れても手を差し伸べてくれる人がいなそうだから「大丈夫」と言った。**倒れるだけならいくらでもがまんできるけど、倒れたときに本当に誰からも手を貸してもらえなかったら？　むしろそっちのほうが怖い。**

何も変わらなかったから「大丈夫」と言った。何ひとつ変わらなかった。それじゃ解決なんてできっこない。腹を割って話し合おうとしたこともあったけれど、結局は口約束だけでむなしくて。

弱みを握られたくないから「大丈夫」と言った。人間関係はわからないとはいえ、お互いの仲がこじれた途端に人の弱みにつけ込んだり……。そんな目に遭うと、もう人間不信にならざるを得ない。

そして最悪の気分のまま過ごす。言うことを聞かない脚を強引に引きずって歩く。その重い足取りで、坂道を上る。ずっしりとした一歩一歩の重みで足あとが深く沈み込み、人生の軌跡が浮き彫りになる。

その足あとだってとても意味があることだ。

75 ストレス源を把握する

こんなときはストレスを受けている。気分をコントロールすべきタイミングだ。

1. 自分が情けなく思えるとき

やるべきことがあるとわかっているのにやらないとか、ずっと先延ばしにした挙句間に合わなかったとか。がっかりさせたくなかったのに、結局またがっかりさせてしまったとか。終始こんな調子の自分のことが、必要以上に情けなく思えてくる。

2. 思い通りにいかないとき

今回は真面目に努力した。やるべきことはやったし手も抜かなかった。それなのに思う結果が得られなかった。やっぱり自分は何をやってもダメな人間なのかもと落ち込む。人生を否定的にしかとらえられなくなるほどの危険なストレスを受ける。

3. 話が通じないとき

コミュニケーションがうまくいかないときのストレスははかり知れない。特に、身近な関係であればあるほど、意思疎通がはかれないと歯がゆくて苦しくなる。

4. 他人に振り回されているとき

他人のひと言に一日中気分が左右される。落ち込んでいたのにおだてられて急にハイになることもあれば、上機嫌だったのにひどいことを言われて落ち込むこともある。動じていないふりをしながらも、心中穏やかじゃない。そんな自分が嫌いだ。

ストレスを受けずにいられる方法なんてない。しかし、コントロールすることはできる。原因がわかっていれば、できるだけ避けて通ることができるし、気持ちも少しは楽でいられる。状況をとらえるアングルをちょっとずらしてみるだけで、受けるストレスもかなり減らせる。

76 歳を取るということ

以前は何ともなかったことが、年々難しくなっていく。

リラックスして眠れない。何の心配や不安もなく、ぐっすりと眠ることがどれだけありがたいことなのか、大人の階段を上るにつれ痛感している。ＡＳＭＲ動画とか安眠動画などの視聴回数が爆発的に伸びているのも、睡眠改善薬がロングセラー商品なのも納得だ。

人間関係も難しくなる。子どもも時代は誰とでも分け隔(へだ)てなく仲良くできた。だけど10代、20代と成長するにつれ、計算高くてすぐ裏切るような人間の割合が増えて、人に対する不信感が生まれてしまった。ひとりぼっちには本気でなりたくないけれど、誰かに傷つけられるのはもっとイヤだ。だんだんと人間が怖くて嫌いになる。

体が痛くない日もない。腰が痛いとか、首が回らないとか、肩も背中もガッチガチだ。きっともっと老けたら、ひざや関節がやられるんだろう。今も体のどこかがなんとなく痛い。子どもの頃はこんなことなかった。体は羽みたいに軽くて、痛みなんかとは無縁だった。自分にもそんなときがあったなんて、もう信じられない。

当たり前だったことが、歳を取ると当たり前じゃなくなる。別にどうってことなかったことがどんどん大変になる。そんなことを知ってだんだん怖くなっている今日この頃。

こんな過酷な現実を、ただひたすら耐えて耐えて、がまんし続けているのが、大人って生き物らしい。

77 「行先を照らす人」と積極的に付き合う

よい影響力の持ち主とは、真っ暗な海に煌々(こうこう)と光る灯台みたいな存在だ。暗く、行くあてのない航海みたいな人生において、進む方向をしっかりと示してくれる。積極的にそばにいたい人だ。

1. 器が大きい人

その人はもう、考え方のスケールがケタ違い。目の前のささいなことに動じることなく、いつでも遠くを見据えている。完璧な人間などいないことを知っているから、理解の幅が広い。自分の話ばかりするのではなく、相手の話に耳を傾けることができる。それでいて、自分の考えはしっかりと伝えられる。

2. 学ぶことの多い人

こんなふうに生きられたらカッコいいなぁと憧れていたことを、すでにやってのけている人だ。いつも何かを成し遂げている人、厳しく自己管理ができている人、感情のコントロールができている人。こういう学びたい点が多い人のそばにいるだけで、少しずつその域に近づいていけるもの。ポジティブな影響を受けるしかない。

3. 実力があるのに謙虚な人

実力がある人なのに、まったく威張ったりしない。ただ淡々と自分のことに集中する。そんな人の周りには自ずと人が集まってくる。自分から声をあげてアピールしなくても、世間が放っておかないタイプだ。

78
「繊細さ」の長所に目を向ける

「気にしすぎでは?」と、よく言われる人にありがちなこと。

休んでも休んだような気がしない。休んでいるときも、少しもリラックスできていない。どんなに自分に言い聞かせても、休んでいる間に置いていかれるような気がして不安でゆううつで仕方ない。

おかしくなりそうなほど用心深い。人に迷惑をかけるのが死ぬほど怖い。人に迷惑をかけてくるやつのことが大嫌いだから、自分がそうならないように必死に気を配っている。おかげでいらぬ苦労まで買って百倍疲れている。

騒音に敏感だ。五感が鋭敏で、特に音の刺激に弱い。マンションの生活音、外を走る車の音、冷蔵庫のモーター音など、繰り返される音が耳障りで神経をすり減らす。音に鈍感な人のことが真剣にうらやましい。

こうした繊細な人はほかの人よりも生きづらいもの。しかし、繊細なだけに観察力に長け、他人の状態や感情の変化にいち早く気付くことができる。気付いた情報から、当人が察するより先にいたわったり、共感することができるのだ。

繊細な人たちの特性は短所ばかりじゃない。少しの不便さと、それより多くの長所を兼ね備えた人たちだ。

79

「人生は結局うまくいく」と、何度も声に出す

ゆったり、気楽に構えていよう。どう転んだって結局うまくいくから。難しく考えなくていい。最終的にはうまくいくんだから、難しく考えるだけムダ。**そもそも成功っていうのは、映画やドラマみたいにたくさんのNGの末にようやくOKが出たワンカットのことだ。**

OKシーンと同じで、うまくいっている人も、たくさんのNGと試行錯誤を繰り返した末に成功をつかんだのだ。失敗して、また失敗して、さらにまた失敗して……失敗の繰り返しって、それだけですでに素晴らしい経験だし、それも成功への道のりに過ぎないから。

心が自由を失って複雑に考えすぎた挙句、ビビって道を逸れてしまったら元も子もない。リラックスして気楽に構えていれば緊張もほぐれて、カチカチの人生が柔らかく広がっていく。

緊張がほぐれると心の中に余裕が生まれる。視野が広がってキャッチできることが増える。つまり、もっとポジティブな考え方ができたり、よりよいスタンスでいられるようになるってわけだ。

声に出して、何度も繰り返したい。

「僕は（私は）、うまくいく。何をやっても成功する人間だ」

歳月は僕らをバラバラにする
どんなに深く愛し合っても
どんなに大成功を収めても
命に限りある僕らの終着駅はただひとつ

——別れ。

それだけだから

すべてが雲散霧消する
結末だけ見てもただむなしいだけ
だから、歩みそのものが大切なんだ

80 朝起きたら、すぐにふとんを蹴っ飛ばす

自尊心を高めるため、今すぐにでも実践したい方法がある。

1．朝、ふとんを蹴っ飛ばす

自尊心を高めることと朝起きてふとんを蹴っ飛ばすことに、一体どんな関係があるのかって？　それは自尊心が、自分との約束が果たせたときに向上するものだからだ。自分との約束で最も簡単に実践できるのが、朝起きたときにふとんを蹴っ飛ばすことってわけ。これだけでもひとつのタスクが達成できた（＝自分との約束が果たせた）と脳が認識し、スイッチがパチンと入る感覚が得られる。この感覚がとても大事。こうした小さな実践ひとつが、さらに大きな約束の達成につながっていく。アメリカの元海軍大将、ウィリアム・マクレイヴンも有名なスピーチで語っている。「世界を変えた

いのなら、ベッドメイキングから始めよう」。

2. ネガティブ人間を遠ざける

周りにいるネガティブな人から遠ざかるべき。応援するどころかリアリストぶって御託ばかり並べ立て、ことあるごとにネガティブオーラ全開でこちらのやる気に水を差しにかかる。そんなことをされたら誰だって自尊心を削られる。頼んでもいないのに他人と比較までして、こちらの人格まで否定してくる。もし友人ならば縁を切るか、そっとフェードアウトしよう。家族だったら自分が独立して遠ざかるべき。そうすれば邪魔する存在がいなくなり、自分の自尊心も守られる。

3. 今日が未来の初日だということを自覚する

今このときが、人生を変えられる絶好の機会だということに気付けているかどうか。年若い人ほど人生は永遠に続くかのように感じているものだけれど、そうじゃない。今日は未来の初日。それを知っているだけで、日々を真摯（しんし）に過ごしていける。これこそが自尊心を高めるポイントだ。今日のあなたの変化が、その第一歩になる。

81

目を覚まして、まともな相手と付き合おう

誰よりもあなたのことを気遣ってくれる人と付き合ってほしい。連絡もよこさない、返事もくれないようなやつとはそこまでの縁だ。

貴重な未来につながる縁でさえ粗雑に扱うようなやつとは、これ以上付き合う意味がない。人間関係というのは一緒に作り上げていくものであって、どちらか一方だけが努力して成り立つものじゃない。

付き合うべきなのは、やさしい人、惜しみなく気持ちを表してくれる人、誰よりもあなたのことを考えてくれる人だ。世間には自分勝手な人間ばかりが目立つが、案外そういうやさしい人もいるものだ。そんな人を探して付き合えばいい。

連絡も取れないやつとか自分を犠牲にする気がゼロのやつ、自分の言動に責任の取れないやつ、付き合っていると不安で心を削られるだけのやつ。こういう人間とどうしていつまでも付き合っているのか、こっちが聞きたいくらい。さっさと縁を切るのが正解だ。

こういう部類の人間に対して、「いつかは変わってくれるかも」なんて淡い期待を抱いてはいけない。結局は不安のほうが的中するから。早くあなたのことを本気で大事にしてくれる人に出会って、しっかり目を覚ましてくれることを願う。あなたは大切で、愛される価値のある人なんだから。

82 昨日より1ミリでも成長する

成功して最後に笑うのは誰なのかは、とことん見届けないとわからない。過去に苦汁をなめたり今が容赦ないほどのどん底だとしても、この先もずっと同じだなんてことはあり得ない。人がやることは、どう転ぶかわからないものだから。

だからこそ、自分のことを信じている人が強い。何も信じられないとか信じたくない状況でも、自分のことだけは信じ続けるべきだ。

どうすれば自分のことを信じられるようになるのかって？　それには普段の努力をおこたらないこと。これが本当に肝心だ。肩書やコネなんかなくても、それまでの努力そのものが自分を信じるよりどころとなるから。努力って、すぐにわかりやすい結果として表れなくても、どんなかたちであれ必ず自分の味方になってくれるものだ。

もし、今の自分を信じることが難しければ未来の自分を信じればいい。自分が心からなりたいと願う未来の自分の姿を信じ、一歩一歩、進む。文句なしにカッコよくて堂々とした未来の自分が、今の自分を導いてくれる。

ただし、自分を信じるといっても過信してサボれば衰退の一途だ。成功への近道は、自分を信じて努力し、昨日より1ミリでもいい自分になることだ。

我思う、故に我あり――。

自分が消えた世の中なんて、無意味だから。

これが、自分で自分を信じることの根拠だ。

クローゼットに潜むおばけ

——僕が九つの頃の話だ。両親が出掛けて誰もいない、まっ暗な夜だった。ウチはマンションの2階にあって、帰りが遅くなった僕は、ひとりで階段を上がっていた。

ひっそりと静まり返ったマンションの通路。階段を上がるたびに、自分の足音がこだまのように鳴り響く。築浅マンション特有の塗料のにおいが鼻の奥を刺激する。においに敏感な僕は息を吸うたびに頭がズキズキした。

頭痛を覚えながら玄関先までたどり着くと、ドアノブに手を掛けて回した。できる限りゆっくりと。なぜなら、明かりの消えた家にひとりで帰るときは、いつも中に誰かがいるような気がしていたからだ。

泥棒が家に潜んでいたらどうしよう……？　まったく幼稚な発想だけれど、子どもの頃は本気で心配していた。

泥棒を実際に見たこともなかったし、万が一出くわしたところで、キャッと叫び、大泡を吹いて気絶するだけだろう。しかし、この日の僕はイキがっていた。玄関のドアを思いっきり開けて、腹の底から叫んでやった――。

「おい、そこにいるお前！　隠れてないで出てこい！」

明かりの消えた家の中。勇ましい叫び声とはうらはらに、体はいつでも逃げる準備ができていた。しかし、いつもと変わらず、人影どころか怪しいことも何ひとつなかった。

これと似た話がもうひとつあって、九つの頃よりもっと小さい頃の記憶だ。テレビでホラー番組を見た後は必ず、部屋のクローゼットの扉をおそるおそる開けていた。中からおばけや怪物が飛び出してくるような気がしていたからだ。

こんなふうに、闇はいつでも怖くて恐ろしく、不安で、妄想を掻き立てる正体不明のものだった。大人になった今では、明かりの消えた家もクローゼットも怖くない。そこには何もないという事実を知ってしまったから。

ならば、大人になった僕はもう怖いものなしなのだろうか。

いや、違う。今でも怖くて恐ろしいことはある。その不安な気持ちや妄想も相変わらずだ。

――未来が不安だ。

この先も仕事を続けていけるのか。考えただけでも恐ろしい。健康を害したらどうしようか、ちゃんとお金を稼いでいけるのか。事故で突然死ぬかもしれない。大切な人を失う日のことなど、想像するだけでも胸が苦しくてたまらなくなる。愛する人が心変わりしたらどうしようという妄想も止まらない。

ふと、子どもの頃と今とで、僕が怖いと感じるものに共通点があることに気付いた。それは、目に見えないという点だ。人は、自分の目で見てこそ安心する傾向にある。目に見えないことはそれだけで心を不安にさせるのだ。

物体のように目に見えるものとは異なり、愛や未来、健康、死などは目には見えない。見えないからやたら不安で恐ろしくて、妄想する。ひいては妄想のほうが現実的だと感じるようにもなる。

まるでクローゼットに潜むおばけみたいに。

僕は図体だけデカくなった子どもだ。

第4部

人生がすべてうまくいく、「気分」のコントロール習慣

83 あれこれ悩むことに時間を使わない

まずは始めてみる。準備万端じゃなくたっていい。とにかく動き出す姿勢が重要だ。

こんな話がある。ある学者が自分の研究の発展に一番マッチする協力先を探していて、ハーバード大学とイェール大学のどちらにするかで悩んでいた。それぞれの研究室や設備などの条件を徹底的に比較検討し、3カ月かけて結論を出した。

ところが後日この学者が、「あの3カ月が人生でもっともムダな時間だった」と後悔を語ったのだ。どちらの大学でもいいからさっさと研究に取り掛かっていれば、もっと早く、さらに大きな成果を得られたはずだったと。

どちらが有利なのか時間を掛けて長々と検討するくらいなら、迷わず始めてしまうに限る。それで成功すれば儲けものだし、失敗も貴重な糧となるから。

だから、あれこれ悩むよりとにかくやってみる。もし再チャレンジすることになっても、一度経験しているから成功までにかかる時間もうんと節約できるというボーナス付きだ。

失敗を恐れたり、もっといい条件があるのではと悩むこと。こんなことで手をこまねくのは時間のムダにすぎないし、近視眼的にしか物事をとらえられない状態が続くだけ。失敗すれば当然それまでの時間を失う。しかし、何もせずにただ頭の中で心配しているだけでも、同じように時間は失われていくのだ。

どうせ時間を失うのなら、チャレンジして成功の可能性や経験を得るほうがずっと賢いと思わないか？　じっとしているだけって、つまり、時間と経験するチャンスをダブルで失っている。その構造に早く気付いてほしい。

84

ごちゃごちゃ考えずに、今すぐ飛び出す

ためらうなんて、ぜいたくだ。大切な人がいるのなら先延ばしになんかせずにさっさと気持ちを伝えるべきだし、ありがたい人がいるのなら今すぐ感謝を伝えるべき。好きな人がいるのなら速やかに思いを伝えるべき。

会いたい人には早々に会うべきだし、連絡を取りたいならただちに行動に移すべきだ。やりたいこと、食べたいもの、行きたいところも同じだ。

どうやら僕らは時間が永遠にあると錯覚して生きている。永遠なんて存在しないことは常識だし、人生がいつか必ず終わることも知っている。それなのに、どういうわけか時間が永遠にあるかのように振る舞っているのだ。

時間はあっという間に流れていって二度と戻らない。このタイミングで、この年齢で、この人たちと一緒にいられるのは、今この瞬間だけ。だから一瞬一瞬が大切なんだ。

ためらうという行為は未来を棒に振るのと同じ。花開くはずだった愛情の芽を摘むことであり、大事な人生の一場面を経験し損ねることでもある。同じ後悔なら、やらないよりもやって後悔するほうがずっとマシだろう？

素直になればためらってなんかいられないはず。ごちゃごちゃ考えていないで、思い切って飛び出してみないか？

85

「おざなりな肯定」も「やみくもな否定」もしない

肯定するより否定しないことのほうが実はずっと重要だ。マイナス思考の人や考えはできるだけ遠ざけたいもの。否定ばかりする人とは、どんな話も続かない。

チャレンジしたいと話すと、「それは○○○だからダメだよ」と否定され、夢を語れば「それは×××だから無理じゃない？」などと言われる。こんなネガティブな意見ばかり聞かされたらさすがにヘコむ。否定的な人の考えと言葉は、僕らの行動力や気持ちをへし折っていく。

言葉って想像以上に強力で、甘く見たら大ケガをする。実際、否定的なことばかり言う人の多くが、ネガティブな人生を送っているという現実をよく見聞きする。これぞ言霊（ことだま）のチカラ以外の何物でもない。

とはいえ、何ごとも無条件に肯定すればいいってものでもない。

思考停止のままの肯定は、よくない現実をよしとするのと何ら変わりない。都合よく捻（ね）じ曲げた現実のワナにはまるだけだ。

空っぽの肯定は、後で必ず大きな挫折と失望を招くだけ。やみくもな肯定も否定もしないことが大切だ。

おざなりな肯定をしないこと、否定的な言葉や行動を慎（つつし）むこと。これらを心掛けるだけでも正しい思考と気持ちを守ることができるし、よりよい毎日が過ごせるようになっていくものだ。

86

世界で唯一の〝自分教〟を信じよう

自分を信じること。自分が信じられないようなときでさえ信じてやること。ルックスが気に食わないとか、自分で自分が情けなく思えるときも、自尊心が地に落ちたときも、失敗と挫折で自分が大っ嫌いになったときも、それでも自分だけは自分のことを信じるべきだ。

これは一種の宗教みたいなものだ。信仰心は強大なエネルギーの源になる。だてに世界中に宗教が広がっているわけじゃない。

アメリカのシンクタンク、ピュー・リサーチセンターの統計によると、世界の人口の約8割が何らかの信仰を持っているそうだ。つまり80億人中60億を超える人たちが宗教を信じている。これだけたくさんの人たちが何らかを崇めているというワケだが、こんな奇跡を可能にしているのが信仰心だ。信じる力には、言葉では言い表せないほどミラクルな何かがある。

自分を信じよう。

60億もの人たちが目に見えない力を信じているのに、目の前の鏡に映る存在を信じられないワケがないだろう？　難しいなら信じる練習をすればいい。〝自分教〟を意識的に信じるんだ。

そして、自分を信じている人のように振る舞うべきだ。自分に言い聞かせてでも信じるべき。何をするときであれ、どんな状況であれ、自分自身を固く信じよう。

思い出せないということは
生きていなかったも同然で
思い出せるということは
生きていたということだ

残された思い出だけが、命を証明する
思い出の中に、あなたがいる
あなたのいろいろな姿を思い返す
一瞬の気持ちまで、手に取れるように

若き日のあなたと僕も
老いてしまった僕とあなたも
みずみずしく生きている
命の終わるその瞬間まで
僕はあなたと生きていた

87

「情熱のある人」を尊敬する

自分という人物を決定づけるのは、情熱だ。人が生きていて一番輝けるのは、成功したときでも、大金を稼いだときでも、知名度が爆上がりしたときでも、何かで表彰されたときでもない。それは情熱に満ちあふれているときだ。情熱的に愛し、情熱的にチャレンジし、情熱的に生きているときだ。

やがて目標や願いを達成すると、人は途端に輝きを失くしてしまう。まるで風船がしぼむように。そこで情熱を失ってしまうからだ。

人は情熱的な人間を好む。俳優の情熱的な演技にのめり込み、歌手の情熱的な歌唱に感動し、スポーツ選手の情熱的なプレーに熱狂するように。

人の心を動かすのは情熱だ。熱い気持ちには説得力がある。情熱を抱く人の小さな習慣や言葉遣い、行動に至るまでが尊敬の対象になる。

そんな熱い人々を尊敬しているうちに、自分自身のことも尊敬できるようになる。目の前にいる堂々とした熱い存在のおかげだ。

情熱を探そう。

心を燃やして生きてみないか?

88

「やりたくないこと」から秒で終わらせる

今日イチ気乗りしないことを真っ先にやってみる。人間って、やりたくないことを後回しにするクセがある。だから逆転の発想で、やりたくないことからさっさと終わらせてしまえば効率はぐんぐん上がる。

ひとりの人間が一日で使えるエネルギーには限界がある。気力も体力もフル充電されたスタート直後のうちに、やりたくないことに着手すればいい。イヤなことを片付ければ、残りのタスクはスムーズに流れていく。これでモヤモヤ気分やストレスに打ち勝てるパワーまで得られる。

仕事、一日の日課、月次計画など自分のやるべきタスクを棚卸しして、やりたくないことが何なのかを把握してみよう。それが把握できたら、後は残りのタスクに優先順位を付けて実行するだけだ。

もちろん慣れないうちはダルい。しかし、ちょっとがまんしてこなしてみると、この方法がいかに効率的なのかが実感できるはず。

やらなきゃいけないのは結局同じなんだし、しんどいものを後回しにしていると、ほかのことをやっている間中ずっと、最後に待ち構えているアレのことがプレッシャーになって気が重いだけなのだ。

これを習慣にしてしまえばなお理想的だ。作業スピードが格段に上がるうえに、それだけムダな時間を減らすことができる。何よりも仕事へのストレスを軽減できるということが最大のメリットだ。

89 失敗したから改善できる

成功には「真面目さ」と「進歩」が不可欠だ。でもこの2つは分けて考えたほうがいい。真面目に愚直にやっていれば進歩していくと信じている人って案外多い。もちろん、成功するために真面目にやることは不可欠だけれど、それだけじゃ進歩できないって話をしたい。

進歩するって、以前より優れた自分になること。真面目に頑張っているのに失敗ばかりで全然進歩がない人がいるけれど、その理由は失敗してもなお、ただ一途に挑み続けているだけだからだ。

失敗したときは必ずその原因を突き止めるべきだ。突き止めたなら必ずそれを改善

して次に進むこと。その失敗を繰り返さない方法を探し、再び似たような状況に直面してもうまく切り抜けられるくらいになっておくべき。それでこそ、自分自身のアップデートが可能になる。

ミスした原因を把握も修正もしないままでいるとさらなる弊害がある。別のことをやるときにもまた同じようなミスをしでかすのだ。別の分野でも同様なのは、自分自身の問題を正さなかったからにほかならない。

何にせよ、ただ愚直に挑み続けるだけじゃダメ。経営ノウハウを学ぶにしても、接客方法を改善するにしても、面接の必勝テクを身につけるにしても、過去に失敗したのなら、次回はそれを改めた上で前に進もう。

いつだって、過去の自分よりも優れていること。

進歩ってそういうことだ。

90

「やる」も「やらない」も1秒で決める

何ごとも「やる」か「やらない」かの二択でしかない。なのに、悩みが行き詰まるにつれ、この単純なことがややこしくなっていく。あれこれと状況を妄想しているうちにどんどん怖くなってくる。ご丁寧に状況別の想定までして不安は膨らむ一方だ。

頭でっかちになればなるほど手も足も出せなくなる。こうなると次はもう、不安がビビりに変わるだけ。小さな勇気がさらに削られる。だけど思い出してみて。**実際にとるべきアクションは、「やる」か「やらない」かの二者択一、超シンプルなことだってこと。**

「やる」か「やらない」か、どちらを選べば損でどちらが得かなんていう堂々巡りが、二の足を踏み続ける原因だ。こんなとき、ズバッと決断できる明快な考え方がある。それは「どちらを選んでも、それが自分の選択であり、正しい」と考えることだ。

つまり、自分自身がその選択の決定権を持つ者になること。プレッシャーや焦りに気おされて決めた選択は、結局納得できなくてモヤモヤする。正しいほうを選んでいたとしても、自分の気持ちが入っていないせいでずっと不安が付きまとうからだ。

不安な気持ちのままだと、小さなアクシデントに出くわしただけで「やっぱり違ったんじゃないか」「別のほうを選んでいたらどうなっていたのだろう」という考えが頭から離れなくなるもの。

やってもやらなくても、自分の選択だ。自分自身の意思で選べば、ちょっとやそっとで揺らいだりしないから。

91
人生がうまくいく人に欠かせない3要素

この3つの要素があれば、人生はますます好転していくと僕は信じている。

1. 小さな努力を重ねる

偉業を成し遂げている人たちは、他人がやらないような特別な努力をしているのだろうと思われがちだが、それは少し違う。実際彼らは、小さな努力の積み重ねで大きな成果を生み出しているのだ。「チリも積もれば山となる」と言うように、それひとつだけなら吹けば飛ぶような努力でも、コツコツと積み重ねていくことで、大きな夢も叶えられる。

2. 根性がある

粘り強く、抜かりなく、最後までやり遂げるド根性がある人は強い。勉強であれスポーツであれ、夢であれ、さっさとあきらめる人が世間には多すぎる。結果は最後までやってみないとわからないもの。もし本気でやりたいのなら、簡単に投げ出さないこと。あきらめたら即試合終了だ。根気強くやり続ければ、いつの間にか自分なりのスタイルも生まれて人生を変えることができる。

3. 根拠のない自信を持つ

真の自信とは根拠のない自信だったりする。もちろん、努力が後押ししてくれもするが、それよりも、自分の存在そのものが自信の根拠であるべきだ。自分が決めて行動したことが失敗であれ成功であれ、それは単なる自分の行動であるだけ。自分に自信を持った生き方こそが人生を大きく変える。

92

すべてを止めて、本気でぼーっとする

本気で脳を休めるつもりなら、まず、普段の家事を溜め込まないことだ。掃除、洗濯、皿洗いなどの家事を後回しにして一気に片付けるあなたのことだ。特に、完璧主義者でありながらなまけグセのある人がやりがち。やるなら完璧にやりたいけど今は余裕がないからと後回しにする。これがよくない。毎日の家事は清潔に過ごすためというより、休日を完璧に休むためにやるものだと考えるといい。

例えば、学生の頃、大量の課題に目をつぶったまま遊びに行って100%楽しめなかった経験はないだろうか？　これと同じで、家事も溜め込めば気持ちがモヤモヤしてしまう。何も年末の大掃除みたいに毎回ガッツリやる必要はない。毎日やればほんの短時間でも整頓できて、心も体もすっきりとくつろげるものだ。

次に、ぼんやりする時間を定期的に持つこと。キャンプが流行っているのも、焚き火をしたり水辺や木々を眺めてぼんやりできるからという要因もあるはず。何も考えずにただぼーっとすることが、脳の疲労回復にめちゃくちゃ有効だからだ。

脳って、人が生まれてから死ぬまで休むことなくフル回転している器官。寝ても覚めても活動しているので疲れるしかない。それでも、脳を刺激する電気信号を格段に減らすことはできる。それが「ぼんやりすること」だ。**視覚と聴覚からの情報をできるだけ遮断して、何も考えずに体の力も抜いてしまうことが、脳をしっかり休ませる。**

ときには、不思議と頭が冴(さ)えわたる日がある。これは自分でも気付かないうちにしっかりと脳が休めた日の翌日である場合が多い。いくら寝ても疲れが取れないときには、ここに原因がある。休める時に本気で休んでいないからだ。また、どれだけその気になっても頭が働かないときも、脳がオーバーヒートしている。こんな自覚があったら本気で休むべきタイミングだ。

93 高級車より「経験」に投資する

成功者になりたければ、成功そのものよりも、彼らの努力のほうに目を向けるべきだ。彼らのタワマンや高級車や資産には関心があるくせに、彼らの実践してきた努力に注目しないなんてナンセンス。努力もなしに結果だけ得ようだなんて虫がよすぎる。

今や億万長者だったりする彼らも平凡なところからスタートしている。そんな彼らの生き方や努力を学んで、真似してみるべきだ。

自分の欲望には正直であっていい。欲望が過ぎてモラルを犯すことを推奨しているわけじゃない。ルールを守りながらも莫大な富を築いた彼らは「億万長者になりたい」という欲望に正直になれた人たちなのだと思う。

同じように、「成功したい」という欲望を抱く人たちもまた、いち早く成功をつかむ。欲望に正直な気持ちが行動力をブーストするからだ。

賢明な経験に時間を使おう。経験は後々どんなかたちであれ生きてくるもの。だからこそ、欲望には正直でいながら、賢く経験を積んでいくべきだ。貪欲な人を軽蔑するだけで自分は何のアクションも起こさないのは愚かなことだ。

何のためにこの経験をするのか、失敗したとしてもなぜそうなったのか、成功した場合もどうして成功できたのか。こうしたことを常に振り返り、理解し、対処法を探し出すことこそ、欲望に向かって進歩し続けられる賢明な経験だ。

94

「スマートな行動」を心掛ける

スマートな人って、いつもこういうスタンスだなと思うことがある。

1. 感情任せに行動しない

自分の感情の赴くままに相手に気持ちをぶつけたりしないし、相手が感情的にぶつかってきてもそれに振り回されたりしない。いつでも冷静な態度でいること。これは人間関係において、とても賢明な姿勢だ。

2. 断ることができる

イヤなことはイヤ、違うことは違うと、きちんと意思表示ができる。相手の考えを自分の考えと混同しない。相手が誰であれ、どんな状況であれ、自分の人生のセンターは自分であるということを忘れない。ただし、断るときは相手の気分を害さないように断ることができる。

3. 焦らない

焦ってもいいことはないという事実を知っているから。仕事であれ、勉強であれ、人間関係であれ、急がば回れだ。どんなに急いでいても余裕を持って考える。

4. とげとげしい言葉や行動を避ける

短絡的に考えることなく、暴力とは距離を置き、人の悪口やとげとげしい言葉遣いを避ける。いつでも淡々と穏やかでいることで自分も心地よくなると知っているからだ。

5. 知識を頭の中だけに留めない

得た知見をただの知識に留めるのではなく、自分の行動に反映できる。言うは易し（やす）だが、実際に態度や行動に移せる人というのはとても貴重なのだ。

95

ブランドバッグを売って、本を買おう

ゆっくりと、でも確実に成功する人ってこういう特徴があると思う。

1. 人柄がいい

人柄がいい人の周りには自然と人が集まるもの。何であれ、結局は人間がやることだ。人を多く惹き付けられる人物ほど、社会的にも経済的にも力を発揮する。人を動かせる力は時が経つほどに強靭（きょうじん）な競争力となってくれる。

2. 自分の本名で勝負している

自分の名前を掲げて活動している人はとにかく最善を尽くすようだ。本名を出して活動するということは、それだけ緊張感もあり、自分の名に恥じない仕事をしようと一層の努力をするからだ。

3．自分に投資している

能力が自分の存在を物語ってくれることを知っているので、常に努力をおこたらない。デキる人は誰からも認められ、どこへ行っても歓迎されるからだ。このような人は、限られた時間やお金もムダ遣いすることなく自分のために投資する。わかりやすく言えば、ブランド品を買うお金があれば、本やセミナー、コーチング、資格取得などの自己投資につぎ込むといったことだ。

1〜3のことを満たしている人とそうでない人。若いうちは両者の差はそれほどでもないが、年を重ねるほど目に見えて大きくなり、数十年後には圧倒的な差となって表れている。大器晩成型の人の特徴だ。

96

「味方を失う行動」に気を付ける

気が付いたらいつの間にか周りに誰もいなくなっているのはこんな人だ。

1. 失礼だ

普段から周りに失礼な態度でいる人は、知らず知らずのうちに敵をつくっている。その人の成功より凋落(ちょうらく)を願う人が増殖していくからだ。苦い思いをさせられた人間はそれを忘れることはない。ここぞという場面になれば鮮やかにハシゴを外すだろう。

2. ケチだ

他人に対してお金を使わない人は、誰よりも早く財産を築ける一方で人望を失う。この世の成功は人が集まってこそ成せるもの。ひとりきりで生きようとしても限界がある。いくらお金があってもそばに味方がいなければ、たった一度の失敗が命取りとなりかねない。

3．面倒くさがりだ

人生のたいていの問題は怠慢が原因だ。大事なことを後回しにすれば、今すぐは困らずとも後で必ず後悔するときが訪れる。面倒だからと勉強を後回しにすると成績が下がるだろうし、運動を後回しにすると健康が損なわれる。夢や目標に向けた努力を後回しにすると、実現までの間に年を取ったり、状況が不利になったりする。問題が蓄積するだけだ。

どのケースも、マイナスの影響は数年程度では大して目立ちはしない。そのため本人も自分の行動に大きな問題を感じないもの。しかし、さすがに10年くらい経てば、その影響が顕著に表れてくる。時の流れとともにうわさも聞かなくなる人は、こうして蚊帳の外にされたケースである場合が多い。

97

カッコよくて、輝ける大人になる

何かに集中している人って、ハッとするほどまぶしく見える。仕事に没頭しているときの姿なんか特にカッコいい。集中する人の姿は見る者に不思議な感動を与えるものだ。

大人っぽい言動ができる人も輝いて見える。並外れた洞察力でずっと先まで俯瞰(ふかん)で見て物ごとが判断できる人。その人の歳がいくつであれ、そういった観点に触れるととても円熟した人だと感心してしまう。

考えるだけに留まらず、実際に行動に移せる人ならなおさらリスペクトできる。

そばにいる大切な人を守る人も、輝くどころか後光が差して見える。自分がされても気にしないが、大切な人が責められることが許せず、何かあれば自らが盾となって守ろうとする。「みんながどう思おうと、私はとてもよかったと思う」とむしろほめてくれる。何があっても、大切な人のプライドを守ろうとしてくれる人だ。

こうした人たちは、いつ、どこにいても輝きを放つ。一見、普通の石ころに見えて実は光を放つ宝石だったみたいに。一番カッコいいのは、その人間性が輝いている人だ。

98

「ギブアンドテイク」をモットーにする

相手の底の浅さを瞬時に察するときってある。

必要なときだけ連絡してくるやつ。普段はまるで音沙汰がないくせに、自分の都合のいいときだけ連絡してきて「ちょっと手伝って」とか、「これやってくれない？」などと要求する。仏の顔も三度までだ。そんなに毎回付き合っていられない。そういう人間に限って、自分の要求を満たすために相手の貴重な時間を奪っているという感覚がまるでゼロ。自分のことしか考えていないから相手への感謝の言葉もなければ、逆の立場となって恩返しすることも当然ない。

飲み会などの席で、自分の財布だけは死んでも開かないやつ。「今日は○○さんがおごってくれるって！」などと場をあおって、その人がおごらなければいけないような雰囲気を作り上げる。こういうタカりの名人は相手の厚意を当然だと思っている。相手だって自分の意思でおごってこそ気分がいいのに、なんでそんなやつに乗せられておごらなきゃならないのかと不満を募らせるだけだ。

人を紹介してくれとしつこい輩にもうんざりだ。何かにつけて異性を紹介してくれとか、大事な仕事のコネクションを紹介させようとする。それまでも紹介されてこなかったのだから、つまりそういうことなんだけどね。

ギブアンドテイクってあるだろう？　一方通行なだけの関係なら、さっさと縁を切るのが正しい。**人の厚意をうけるのは当然の権利みたいに考えているやつは、もはや寄生虫レベルの存在だ。こういうやつは人間性もカラッカラなので、ちょっと干されればすぐに底が知れる。**

99

どんな場所でも一目置かれる人になる

なぜか人から軽く扱われていると感じている人は、まず自分を変える努力をしてみよう。昨日と同じように生きるのか、今日から違った自分で生きるのか。誰からも一目置かれるのはこんな人だ。

1. 考えと行動が正しい人
2. よく気が付く人
3. 言いにくいことも相手の気分を害さずに伝えられる人
4. 「沈黙は金なり」と知っている人
5. 実力を重んじる人
6. 他人に気配りができる人

7. 間違いではなく、違いであると認識できる人

8. わがままな言動をしない人

9. 聞き上手な人

10. 精神的に余裕のある人

人生を変えるためには今日の実践だけが唯一の答えだ。今日やるべきことを明日に延ばせば明日も同じような一日があるだけ。つまりいつまでたっても新しい明日が来ない。今日が永遠にあるだけだ。

だからこそ、自分を変えたいなら今日、今すぐ動かなくては。考える時間が増えると、その分、勇気が減っていく。悩めば悩むほど、自分に残された時間も短くなっているってことに早く気付いて。

自分自身と自分の人生を変えられるのは、自分だけ。

100 「寄生虫のようなやつ」を今すぐ遠ざける

こんな輩が周りにいたら、自分の人生から即刻退場させよう。

1. つらいときに離れていく人

おこぼれ狙いでくっついていただけの人間は、こちらの形勢が悪くなるとあっさり手のひらを返す。そんな人じゃないと思っていた人さえ、状況次第ではわからないものだ。苦境に立たされてもそばで見守ってくれる人というのは案外少ない。餓鬼みたいな人間と仏のような人をより分けるいい機会だ。

2. 中身がペラペラの人

思考がやたら浅くて心が貧しい人は周囲に害をもたらすだけ。ルックスがイケているとか、何らかの優れた能力の持ち主でも、中身が伴わなければただのハリボテだ。見た目は普通なのにやけに輝いて見える人っていうのは、みんな一様に内面が充実していて洗練されているから。

3. 相手の信頼を裏切る人

信頼してくれている人を簡単に裏切るやつは、許すとまた繰り返す。裏切り者は死んでも治らない。人は簡単には変われないものだ。こういうやつの共通点は、自分のやっていることの非道さにまったく気付いていないことだ。

人は見た目で判断しがちだけれど、見た目で判断できるのはその人のほんの一部でしかない。付き合っていくうちに、だんだんとその人の理性や感性が見えてくる。相手がどういう内面の持ち主なのか、そのときによく見極めて。

101 「できる」と信じ、「できる」と語る

「できない」のではなくて「できる」。成功するためには言葉遣いに気を付けるべきだ。うまくいく人とそうでない人は、初めから決められているわけじゃない。ただ、早くうまくいく人と、ゆっくりうまくいく人がいるだけだ。

最初からうまくいくのが理想的だけれど、そんなのはほんの一握りの幸運な人だけで、ほとんどの人は成功するまでに時間がかかる。

時間を掛けてもうまくいかなかった人は結局あきらめた人だ。行動している途中で「きっとダメだろう」と感じてそれ以降は特に努力もせず、時間だけが過ぎてしまったケースだ。

ダメ続きだったのに最終的にうまくいった人というのは、あきらめなかった人だ。「できる」と信じ、「できる」と語り、最後まで努力し、ベストを尽くした人。

この話の「最終的にうまくいった人」というのは、何もひとつの道だけを追求していたとは限らない。それが初めに選んだ道じゃなかったとしても、別の道で成功したのであれば十分すばらしい。

言葉は道路標識みたいなもの。方向を指し示し、人生を導いてくれる。まずは気持ちがあって、次に言葉が導いて、行動と実践がそれを現実化する。

102

「心を傷つける言葉」を「心をあたためる言葉」にする

ありふれた小言を、心あたたまる言葉に言い換えられないものだろうか。

1.「おまえはこの程度しかできないのか？」

──**「キミは十分に頑張っている」**

2.「そんな子に育てた覚えはない」

──**「誰が何と言おうと、キミを誇りに思っている」**

3.「おまえは知らなくていい話だから、首を突っ込まないで」

──**「話せるときが来たら、ゆっくり説明させて」**

4.「おまえに得意なことなんてあるのか?」

──**「成功だけがすごいんじゃない。キミが努力してきたこと自体がすごいんだ」**

5.「気にしすぎだよ」

──**「共感力が高いんだね。キミの長所のひとつだよ」**

6.「なんでこれくらいで泣くんだよ」

──**「感受性が豊かで正直だよね。そこが魅力だよ」**

言葉遣いだけでなく、詰問(きつもん)するようなスタイルにも問題がありそうだ。これは、家族、恋人、友人同士などの近い間柄なら、多少きつくても正直に伝えたほうが相手のためになるとする根強い考え方が影響している。

しかし、正直なら気持ちも伝わるというのは狭い考え方だ。本気で相手のことを思いやるのならば、伝え方をよく考えてほしい。これまで間違えたやり方で気持ちを伝えてこなかったかどうか。

怖くないの？

何のこと？

この先が滝か海かもわからないのに

大丈夫、人生ってそういうものだろう

心配じゃないの？

うん、キミがとなりにいるじゃない

キミと一緒なら、それだけで幸せなんだよ

103

「すぐ謝るクセ」を手放して自尊心を守る

自分の「気分」を守るためにも、日常生活の中でやらないように気を付けたいことが4つある。

1．反射的に謝る

何でもすぐ謝る。まるで反射的に謝っているみたいに。謝罪の言葉も何度も繰り返されると逆に信用を失いかねない。ミスしたり過ちを犯したときに大事なのは、二度と繰り返さないことのほうだ。

謝罪は心を込めて一度だけに留め、行動を改めるほうに気を配りたい。

2. すぐ頼りたがる

心配性ですぐ人に頼りたがる。ちょっとしたことでも大げさに悩んで周囲に相談する。ひとりでも十分解決できるような相談でさえ、さも深刻そうに持ちかける姿は、周りからもあきれられるレベル。

悩み相談って、重大な問題のときに頼ってこそ相手も真剣に向き合ってくれるものだ。

3. なかなか断れない

断ったからといって憎まれるわけではないし、つながりが切れるわけでもない。だから断ることを怖がる必要はない。もしそんなことで憎まれたり切れたりするような関係ならば、さっさと縁を切ったほうが身のためじゃないか？

まず断った後で今回都合のつかない理由を説明すればいい。ほんの少し勇気を出せば済むことだ。

4. 謙遜しすぎる

自尊心を傷つけるような言葉を自ら口にしないこと。謙遜が行きすぎて自分のことを卑下も否定もしないこと。自分で自分を信じられなければ、世界中を敵に回したような気分で生きることになる。

他人のことは過大評価するのに、自分のことは評価できないなんて悪いクセ。今すぐ手放すべきだ。

104 話し上手な人の9つの条件

1. 要点だけを短く話す

前置きが長かったりだらだら説明したりせずに、簡潔に話す。

2. 理由や根拠を添える

理由があってこそ理論的であり、根拠のない主張はわがままにすぎないということを知っている。

3. 適切な例を挙げる

ドンピシャな比喩で表現したり比較対象を挙げたりして、わかりやすく伝えられる。

4. 相手の話をきちんと聞くことができる

まずは相手の話を傾聴すること。対話の基本は、相手を尊重することだから。

5. 話の腰を折らない

相手が話しているのに割り込んだり食い気味にかぶせたりしない。とても失礼なことだ。

6. すべてにおいてやり過ぎない

リアクションもオーバーになり過ぎず、知ったかぶりもせず、無理に作ったりせず、必要以上に興奮もしない。あくまで自然に振る舞うことを心掛ける。

7. 一線を越えない

相手に失礼となるような不適切な発言をしない。いつでも言葉を選び相手を不快にさせないように注意している。

8. 余計なおせっかいやアドバイスをしない

相手にとってはありがた迷惑でしかない。こうした類のものは相手が望んだときにだけすることだ。

9. 論点が一貫している

話し上手な人は話題の軸がブレないもの。話し下手な人は、話題が横道に逸れたり話しているうちに別のところに着地したりする。

105

「今、思い浮かべた人」を心から大切にする

人生に幸せをもたらしてくれる人とは、こんな人だ。

1. 安定感をもたらしてくれる人
2. プライドを尊重してくれる人
3. 言行一致の人
4. 安心できる人
5. うれしいときに自分ごとのように喜んでくれる人
6. つらいとき、最後までそばに残ってくれる人
7. きちんと線引きができている人
8. 過ち（あやま）をきちんと認めて謝ることができる人

9. 恩に報いる人

10. ひとり占めしない人

11. 純粋に味方でいてくれる人

12. 今、思い浮かんでいるあの人

これらを見て思い浮かべた人が自分自身だったらすばらしいことだが、この12項目は、ほかの人に自分を思い浮かべてもらってこそ意味がある。

もし、なかなか自分が変われないでいるのなら、そんな自分に近づいてきてくれたありがたい人に感謝し、精一杯恩返しをしよう。なぜなら、その人は幸せをもたらしてくれる人だから。そして自分もその人にとってすてきな人になれたなら、お互いの人生を美しい色で一緒に染め上げていくことができるから。

106

「気分」を管理すれば人生がうまくいく

賢い人たちが独自の生活パターンを守っているのには理由がある。

1. 規則正しい一日を過ごすことで、人生を思い通りに管理できるため
2. 気分のムラに影響されて時間を浪費することを防ぐため

気分が落ちているときには何もする気が起きないのが人間というもの。気が向けばやって、気乗りしなければ先送り。その気分のムラにしたがって感情にも仕事の結果にもアップダウンが生じてくる。

この起伏を小さくし、安定させてくれるのが、自分で決めた規則的な行動だ。生活パターンを守ることが無気力やゆううつな気分に日常を侵食されるのを防いでくれる。つまり、規則正しい生活パターンは気分の管理にも一役買ってくれるってわけ。

一日の生活を思い通りに進められるということは、自分自身を操れるということ。人生を自分の理想通りに管理するなんて一朝一夕でできるものではない。日々の鍛錬があってこそ、よそ見せずに前進できるというもの。

自分を律することは難しい。焦る必要はない。階段を上るように一歩ずつ踏みしめていけば、いつしか頂上からの景色が眺められる。そんなふうに考えて、規則正しく毎日を着実に生きていきたい。

ひまわり

「こんなもの作って意味あるの？　これでホントに売れるの？」

　お約束のように繰り返される家族のイヤミだ。未だにまともな販売実績のない彼女には返す言葉もなかった。悔しさに涙が込み上げたが、泣き顔を見せまいとして唇をぎゅっと噛んだ。どれほど強く噛んだのだろうか、唇から血がにじんできた。涙の代わりに真っ赤な血が、ぽたりと落ちた。

　彼女には小さな夢があった。自分でアレンジした花を売り、それを生活の足しにすることだ。彼女は花が大好きだ。花を見ると心が安らいだ。色とりどりの花の美しさに一瞬で魅了されてしまったのだ。

特に彼女が夢中になったのがプリザーブドフラワー。生花を特殊加工したもので、3年以上も美しさが楽しめる。ただ、彼女には商才が欠けていた。

まず、気持ちが優しすぎる。

生花はもって1週間だがプリザーブドフラワーは3年も楽しめる。それなのに「花束にこんなにお金がかかるなんて!?」という客からの不満に負け、生花代だけを受け取るのが精一杯だった。実際に3年間、生花を買い続けることを考えたら安いものなのに……。

少しでも利益が残るように売るべきなのに、気の弱さもあって、客から高いと言われるたびに「きっとまた次回も訪ねてくれるはずだ」と淡い期待を抱いて割り引いてしまう。これでは生活の足しどころか赤字を増やすだけだ。

プリザーブドフラワーを作るためには生花のほかにも高い材料費がかかる。また花の特殊加工はもちろん、バスケットや箱のかたちに合わせたレイアウトに悩んだりと、製造工程でも時間が掛かった。製作時間や花作りに込めた真心、必要経費のどれもが回収できていなかった。花を売り続ければ続けるほど材料費も手間賃もかさみ、赤字は膨らむ一方だった。

彼女には小さな子どももいた。息子ふたりに娘がひとり。「ご飯食べたい」「おやつちょうだい」「外で遊ぼう」「枕にゲームキャラクターを刺繍して」などと、子どもたちは毎日無邪気におねだりばかりだ。しかし彼女は、子どもたちの希望どおりにご飯を準備し、おやつを与え、外に連れ出して遊んでやり、枕にゲームキャラクターの刺繍をした。

3人の子どもたちが出す洗濯物や洗い物だけでも大変な量で、家事はいくらやってもキリがなかった。それでも彼女はその山ほどの家事をやり遂げ、隙間時間に花を作った。睡眠時間を割いて花を売るための勉強をし、SNSのアカウントも作った。これほどまでの努力がむなしく思えるほど、顧客が増えるきざしは見えなかった。

夢を抱いてチャレンジを始めて1年。世間に彼女の花が知られるまでには、まだまだ時間が掛かりそうだ。家族さえ味方になってくれない。彼女は毎日が苦労の連続で、孤独で不安だった。

それでも勇気だけは失わなかった。

家事と花作りの両方をこなすため小さなこぶしをぎゅっと握った。彼女は負けなかった。ひどいことを言われようが、関心を持たれず悲しい思いをしようが、夢を手放さなかった。

すべて投げ出したくなるようなときには、また花びらをいじった。そんな彼女を見上げて花たちがにっこり笑っていた。

まるで彼女が太陽で、手作りの花たちがひまわりみたいに。

エピローグ

僕は一本の草だ

今から100年以上前、1900年代初頭のこと。ある外信記者が朝鮮を訪れた。外国人の彼の目には当時の漢陽（ハニャン）（※現在のソウル）の姿がとても珍しかったと見えて、あちこちの風景を写真に収めていった。

近年、その写真が復元されて韓国にも伝わった。おかげで朝鮮時代のイキイキとした写真をオンライン上で手軽に見ることができる。

僕が見た写真資料は、AI技術によってカラー復元されたものだった。

それまで古い写真といえばモノクロと相場が決まっていた。子どもの頃に教科書やテレビで見た昔の写真もすべてモノクロだった。そのせいだろうか、どうしてもリアルに感じられなかったのは。色の無い被写体は、現実にあったものというよりは上手に模写された絵のようにしか感じられなかったから。

だから、色のついた朝鮮時代の風景や人々を眺めているだけで、妙な気分になった。１００年以上も前の写真だ。その時代に写真技術があったことも驚きだけれど、それがカラーで見られたとしてもその景色はにわかに信じがたかった。

歴史として学んできた風景をイキイキとした色合いで目の当たりにし、不思議な感覚になると同時に少しセンチメンタルな気分にもなった。その時代に生きていたわけでもないのに、懐かしい思い出にどっぷり浸(ひた)っているような感覚だ。これまでに感じたことのない初めての気分。

笠(かさ)を被った貴族階級の人々や学者たち、平民と呼ばれていた一般国民、籠(かご)を担いだ使用人まで。身分階級が存在していた階級社会の国家、朝鮮の姿だ。

漢陽（ハニャン）の景色も見応えがあった。城郭（じょうかく）はくねくねと曲がりくねり、瓦（かわら）ぶきの屋根もランダムで自由にふかれていた。あらゆる建造物が現代の建物と違い規則的ではなかった。そのようにきちんと建てられていたのは、南大門（ナムデムン）と景福宮（キョンボックン）などの王宮くらいか。

次々に見ていたのだが、ある写真で思わず手を止めた。名もなき運び屋が照れくさそうに笑っている写真だったが、なんだか見覚えがあるような気がした。草むらを背景にして撮られたそのワンカットは、とても見慣れた景色のような……。

そうだ、ウチの裏山の景色とそっくりだ。そこに写っていたのは、どこの山でもよく見られるありふれた草むらだった。写真に写る無数の雑草が普段何気なく通り過ぎている草むらのものと同じだった。

ふいに違和感を覚えた。どういうわけだろう？　一世紀も前の写真なのにどうして普段目にしているものと同じなのだろう。草の寿命なんて考えたこともなかったが……。

草の寿命はたいていが1年から長くても数年だという。当然、100年の間には草だって何度も命のリレーを繰り返してきたはずなのに、写真の草も裏山の草も、僕の目には同じに見えた。

急に鳥肌が立った。人間だって同じだからだ。よほど名の知れた偉人でもない限り、すぐに忘れ去られて誰が誰なのかわからなくなる。

公開された朝鮮時代の写真にはたくさんの市井の人たちが写っていたが、誰ひとりとして名前がわからなかった。顔だけを写真に残した人たち。まるで草のように人生を生きていったのだな……。だから人民のことを、「民草(たみくさ)」というのかもしれない。

ずっと先の未来――、

誰かにとっては、僕も
一本の草に映るのだろう。

――未来の、一本の草

キム・ダスル

著者
キム・ダスル
—
作家、作詞家、コピーライター。作詞家としてデビュー後、多数の企業でコピーライターとして活躍。現在はInstagramを中心に人生に関するエッセイを連載中。韓国で2022年全体1位のベストセラーを記録したエッセイが本書。ほかの著書に『誤解されても放っておく』（三笠書房）がある。
Instagram @seulwrite

翻訳者
岡崎暢子 おかざき・のぶこ
—
韓日翻訳・編集者。出版社をはじめ各種メディアで韓日翻訳に携わる。訳書に『あやうく一生懸命生きるところだった』『教養としての「ラテン語の授業」』（以上、ダイヤモンド社）、『頑張りすぎずに、気楽に』（ワニブックス）、『K-POP時代を航海するコンサート演出記』（小学館）、『僕だって、大丈夫じゃない』（キネマ旬報社）など。

人生は「気分」が10割
――最高の一日が一生続く106の習慣

2024年3月5日　第1刷発行
2024年9月4日　第10刷発行

著　者――キム・ダスル
訳　者――岡崎 暢子
発行所――ダイヤモンド社
〒150-8409　東京都渋谷区神宮前6-12-17
https://www.diamond.co.jp/
電話／03·5778·7233（編集）　03·5778·7240（販売）
装丁――――吉田考宏、古屋郁美
本文デザイン―古屋郁美
本文DTP――梅里珠美（北路社）
製作進行――ダイヤモンド・グラフィック社
校正――――鷗来堂
印刷／製本―勇進印刷
編集担当――工藤佳子

ISBN 978-4-478-11713-2